# DISCLAIMER

The author and publisher are providing this book and its contents on an "as is" basis and make no representations or warranties of any kind with respect to this book or its contents. The author and publisher disclaim all such representations and warranties, including but not limited to warranties of merchantability. In addition, the author and publisher do not represent or warrant that the information accessible via this book is accurate, complete, or current.

Except as specifically stated in this book, neither the author nor publisher, nor any authors, contributors, or other representatives will be liable for damages arising out of or in connection with the use of this book. This is a comprehensive limitation of liability that applies to all damages of any kind, including (without limitation) compensatory; direct, indirect, or consequential damages; loss of data, income, or profit; loss of or damage to property; and claims of third parties.

Copyright © 2022 LINGUAS CLASSICS

# BESTACTIVITYBOOKS.COM

All rights reserved. No part of this book may be reproduced or used in any manner without the written permission of the copyright owner except for the use of quotations in a book review.

FIRST EDITION - Published 2022

Extra Graphic Material From: www.freepik.com
Thanks to: alekksall, Starline, Pch.vector, Rawpixel.com, Vectorpocket, Dgim-studio, Upklyak, Macrovector, Stockgiu, Pikisuperstar & Freepik.com Designers

This Book Comes With Free Bonus Puzzles
Available Here:

**BestActivityBooks.com/WSBONUS20**

# 5 TIPS TO START!

## 1) HOW TO SOLVE

The Puzzles are in a Classic Format:

- Words are hidden without breaks (no spaces, dashes, ...)
- Orientation: Forward & Backward, Up & Down or in Diagonal (can be in both directions)
- Words can overlap or cross each other

## 2) ACTIVE LEARNING

To encourage learning actively, a space is provided next to each word to write down the translation. The **DICTIONARY** allows you to verify and expand your knowledge. You can look up and write down each translation, find the words in the Puzzle then add them to your vocabulary!

## 3) TAG YOUR WORDS

Have you tried using a tag system? For example, you could mark the words which have been difficult to find with a cross, the ones you loved with a star, new words with a triangle, rare words with a diamond and so on...

## 4) ORGANIZE YOUR LEARNING

We also offer a convenient **NOTEBOOK** at the end of this edition. Whether on vacation, travelling or at home, you can easily organize your new knowledge without needing a second notebook!

## 5) FINISHED?

Go to the bonus section: **MONSTER CHALLENGE** to find a free game offered at the end of this edition!

Want more fun and learning activities? It's **Fast and Simple!**
An entire Game Book Collection just **one click away!**

Find your next challenge at:

BestActivityBooks.com/MyNextWordSearch

# Ready, Set... Go!

Did you know there are around 7,000 different languages in the world? Words are precious.

We love languages and have been working hard to make the highest quality books for you. Our ingredients?

A selection of indispensable learning themes, three big slices of fun, then we add a spoonful of difficult words and a pinch of rare ones. We serve them up with care and a maximum of delight so you can solve the best word games and have fun learning!

-------

Your feedback is essential. You can be an active participant in the success of this book by leaving us a review. Tell us what you liked most in this edition!

Here is a short link which will take you to your order page.

### BestBooksActivity.com/Review50

Thanks for your help and enjoy the Game!

*Linguas Classics Team*

# 1 - Food #1

アプリコット
オオムギ
バジル
にんじん
シナモン
ニンニク
ジュース
レモン
ミルク

玉葱
落花生
サラダ
スープ
ほうれん草
砂糖
ツナ
カブ

# 2 - Castles

| | | | | | | | | | | | | | | |
|---|---|---|---|---|---|---|---|---|---|---|---|---|---|---|
|品|王|ジ|み|王|女|真|レ|興|パ|エ|イ|ダ|レ| |
|画|国|ー|撮|子|絵|ラ|プ|リ|鎧|法|シ|興|ズ| |
|陶|レ|味|封|建|釣|絵|画|キ|ズ|物|ジ|猟|魔| |
|カ|タ|パ|ル|ト|ャ|動|写|猟|騎|芸|書|品|ズ| |
|編|み|物|レ|狩|画|パ|ズ|イ|士|絵|ズ|ー|芸| |
|ム|猟|ク|シ|り|パ|芸|陶|物|法|ゼ|シ|写|画| |
|魔|グ|法|喜|真|動|法|ー|レ|動|書|パ|ゼ|ズ| |
|品|狩|書|撮|陶|猟|壁|真|ユ|レ|撮|シ|ズ|ン| |
|キ|写|シ|王|ラ|ク|帝|国|ニ|宮|書|物|ム|撮| |
|活|品|ー|朝|レ|影|ラ|読|コ|殿|陶|ゲ|編|活| |
|読|リ|ル|ゲ|猟|パ|り|ウ|ー|リ|プ|撮|タ|シ| |
|プ|シ|ド|ラ|ゴ|ン|ラ|ダ|ン|ジョ|ン|ワ|キ| | |
|味|イ|リ|魔|ク|ラ|ノ|ー|ブ|ル|園|画|ー|猟| |
|物|剣|ン|ゼ|絵|魔|画|馬|動|魔|び|ラ|写|画| |

カタパルト  
クラウン  
ドラゴン  
ダンジョン  
王朝  
帝国  
封建  
王国  

騎士  
ノーブル  
宮殿  
王子  
王女  
シールド  
タワー  
ユニコーン

# 3 - Exploration

```
動 魔 物 ダ 狩 興 魔 興 パ 釣 ジ ズ 釣 キ
リ グ 影 パ 猟 園 言 奮 画 ハ 写 ク 喜 興
狩 編 動 品 猟 陶 語 ク ズ 活 動 ラ 物 工
ゲ 遠 イ ャ 釣 キ 猟 釣 ジ 勇 新 着 法 画
味 い 品 ゲ 陶 画 撮 エ 気 ル ゲ 絵 影
撮 活 ラ ジ 発 法 パ 興 読 イ プ 園 ン 猟
イ 文 園 ン 見 魔 ラ 狩 園 陶 喜 ラ ー 真
び ゲ 化 猟 学 シ 画 シ 味 み 絵 ャ び
ス ペ ー ス ぶ 猟 び 狩 地 陶 影 釣 園 ャ
ダ ラ 写 り た 絵 み リ ル 形 り 法 ラ り
ジ 読 ズ 編 め 動 絵 撮 キ 芸 レ 書 撮
影 野 芸 旅 に 陶 活 グ ム 編 物 み 味 ズ
ジ 生 芸 物 行 陶 陶 ム ダ 書 真 活 不 明
真 レ ク リ ン プ 動 物 決 定 編 ゲ 絵 魔
```

活動  
動物  
勇気  
文化  
決定  
発見  
遠い  
興奮  

言語  
新着  
スペース  
地形  
学ぶために  
旅行  
不明  
野生

# 4 - Measurements

```
ラ絵ラバプ味興ム狩ダ興ゲ影撮
園ダンイゲジズメン味編味読み
ズ高魔トゲ質品ーり狩ル撮撮ジ
重さゼ園クー量タ深長グり味園
キ撮ージク狩レー編さ陶影園編
イエキ物法リットルイゼシリ
動猟活ゼダ真ム幅ン分釣ジび
活芸猟ト芸ダグセンチメートル
法ラジン影小ゲン園シエパゲイ
画園ゲグ狩動数りーボジオ度品
シズキログラムエルリ芸ンレ編
グ真読ム園シ動魔芸ュ真スム魔
影ジ園イラレキロメートルシ興
撮真イル読絵猟グラム写影ジ猟
```

バイト
センチメートル
小数
深さ
グラム
高さ
インチ
キログラム
キロメートル

長さ
リットル
質量
メーター
オンス
トン
ボリューム
重さ

# 5 - Farm #2

| 動 | 物 | 読 | 灌 | ー | シ | 食 | ベ | 物 | 品 | 写 | 納 | り | 羊 |
|---|---|---|---|---|---|---|---|---|---|---|---|---|---|
| 園 | ン | ア | 漑 | オ | オ | ム | ギ | リ | ズ | 物 | 猟 | 屋 | 画 |
| 絵 | プ | ヒ | シ | 編 | 動 | プ | コ | ー | ン | 絵 | グ | 味 | 動 |
| ト | フ | ル | ー | ツ | グ | 喜 | グ | 農 | 家 | リ | ラ | み | 狩 |
| ハ | ラ | 品 | 影 | 動 | ン | 真 | ミ | 興 | 釣 | 品 | 画 | 陶 | キ |
| ズ | 味 | ク | キ | 牧 | び | ラ | ル | 編 | り | イ | リ | り | ジ |
| エ | ハ | ハ | タ | り | 草 | ク | ク | 羊 | 飼 | い | 野 | 菜 | ラ |
| オ | ー | チ | ャ | ー | ド | 地 | ハ | 猟 | ム | イ | み | 興 | マ |
| 狩 | ム | 画 | 法 | 物 | ハ | 撮 | グ | ズ | イ | 編 | ダ | 法 | み |
| 品 | ク | り | ハ | 子 | 小 | 麦 | 絵 | 陶 | 編 | プ | ジ | ジ | 法 |
| 写 | イ | 味 | ル | 羊 | 真 | ー | 真 | 編 | 園 | キ | 画 | プ | ゲ |
| ラ | 読 | 画 | 画 | 狩 | 工 | 法 | 品 | 影 | 風 | 車 | 影 | 喜 | 狩 |
| エ | ラ | 撮 | イ | ラ | ゲ | 影 | ン | 活 | ル | ゼ | シ | 園 | プ |
| ン | 喜 | 写 | グ | 興 | 味 | ズ | ゼ | 猟 | 喜 | 猟 | パ | 絵 | イ |

動物
オオムギ
納屋
コーン
アヒル
農家
食べ物
フルーツ
灌漑
子羊

ラマ
牧草地
ミルク
オーチャード
羊飼い
トラクター
野菜
小麦
風車

# 6 - Books

```
コパシプユペリシリ真動ズグ味
レ絵みナレータージクルレ編ジ
ク法エプ画ジモ釣ゼレエピック
シ画絵猟関法絵ラシリーズプ悲
ョグ動狩イ連品詩スびララゼ劇
ン真興ゼ書グす魔トャ物狩文的
喜リキ活ズ写物るーズラ絵学魔
読者キレダレハリ味歴芸物絵
喜物発絵法狩法写一園史真物ジ
ン活ズ明撮ャグ品真ズ的書クズ
り一ラ芸グハ二冒編著ズかムリ
キャラクター重険ゼ者喜陶活ム
ハム小説ハャ性ル猟シ画れ活ラ
物園ズー芸ゲ狩写りラグゲ写り
```

冒険  
著者  
キャラクター  
コレクション  
二重性  
エピック  
歴史的  
ユーモラス  
発明  
文学  

ナレーター  
小説  
ページ  
読者  
関連する  
シリーズ  
ストーリー  
悲劇的  
書かれた

# 7 - Meditation

| 呼 | 吸 | ャ | ル | エ | 注 | 意 | 物 | パ | 狩 | 自 | 思 | 考 | 魔 |
|---|---|---|---|---|---|---|---|---|---|---|---|---|---|
| ゲ | ー | み | ダ | イ | 芸 | 読 | 音 | ー | 真 | 然 | り | び | ゼ |
| 思 | い | や | り | 撮 | 品 | 撮 | 楽 | ス | 画 | 魔 | 狩 | 読 | リ |
| シ | 興 | 品 | シ | ル | プ | 品 | 釣 | ペ | ル | ゲ | 猟 | 動 |
| プ | キ | ン | ー | 活 | 芸 | 編 | 書 | ク | レ | 活 | シ | グ | み |
| 動 | ジ | ズ | 読 | 狩 | 狩 | 釣 | 魔 | テ | 品 | 陶 | 陶 | ン | 画 |
| ン | 受 | け | 入 | れ | ダ | ル | 動 | ィ | イ | ー | ー | ラ | 魔 |
| 陶 | 法 | ー | ジ | 習 | 慣 | 釣 | 園 | ブ | 動 | 絵 | 猟 | ク | 観 |
| ク | ゲ | 沈 | ン | レ | イ | ゼ | メ | 学 | ぶ | た | め | に | 察 |
| ル | 動 | き | 黙 | 編 | マ | イ | ン | ド | 感 | 謝 | 品 | イ | 書 |
| 書 | ク | シ | ー | キ | り | 動 | タ | 物 | ジ | 読 | 書 | ジ | ハ |
| 感 | 猟 | ダ | み | パ | 親 | 切 | ル | 芸 | 書 | ジ | 明 | み | 絵 |
| 芸 | 情 | 陶 | ム | 活 | 法 | 狩 | 動 | み | パ | 芸 | み | 快 | 真 |
| ダ | 絵 | ン | 釣 | ダ | ン | ゼ | 平 | 和 | ン | ル | ン | キ | 真 |

受け入れ  
注意  
呼吸  
明快  
思いやり  
感情  
感謝  
習慣  
親切  
メンタル  

マインド  
動き  
音楽  
自然  
観察  
平和  
パースペクティブ  
沈黙  
思考  
学ぶために

# 8 - Days and Months

```
み園グハセプテンバーダ写品パ
読狩ダイプみ二興ダ活真ジ園
ラゲ影ゲ釣七月ン興ン狩週編真
ム金ゼャ書ププン狩陶影絵狩シ
木曜エイプリル撮味水曜日曜日
曜日画動六月芸グ五カ読ダ釣リ
日レャ味ャラジ八月レ真撮狩書
十味ャ陶猟レ書リン釣興魔り
一ル編物喜イ狩ラエダ魔味ンキ
月興パ魔動芸パイ動ーダみ撮画
ム曜火曜日ダ猟キム クラ喜行ゲ
りダ火曜ゼ編芸エ釣土びグ釣進活
ゼャク影興ル喜狩ャ曜ジン一年
喜ルイ品ゼ読パ絵物り日撮品魔
```

エイプリル　　　　　月曜日
八月　　　　　　　　十一月
カレンダー　　　　　土曜日
二月　　　　　　　　セプテンバー
金曜日　　　　　　　日曜日
七月　　　　　　　　木曜日
六月　　　　　　　　火曜日
行進　　　　　　　　水曜日
五月

# 9 - Chess

```
課 対 角 ト ブ シ グ 編 ャ 狩 ル ル 工 画
題 ム ゼ ー ラ り 猟 グ 猟 グ ャ び 芸 狩
読 グ 真 ナ ッ グ ジ ズ パ イ 法 レ 編 ダ
コ ダ 興 メ ク ハ 釣 写 パ ッ シ ブ グ 興
ン 賢 キ ン グ 編 ラ 写 女 学 ぶ た め に
テ 白 い ト 法 釣 絵 画 園 王 犠 牲 戦 略
ス リ ム ダ 動 シ ム 狩 び ゼ 編 釣 猟 ジ
ト キ 猟 編 チ ン ズ 影 プ ャ ゼ ル 品 み
パ ー 相 魔 ャ ル 興 品 レ ゲ ー ム 魔 猟
ジ 書 猟 手 ン ー 書 ャ ー 狩 み 釣 ズ 影
絵 イ 撮 狩 ピ ル 喜 ル ヤ 興 味 エ み 狩
読 魔 園 キ オ 芸 絵 ダ ー 書 撮 ク 魔 園
ャ 時 ポ イ ン ト 画 み 陶 陶 ハ ン 物 物
書 間 り ゲ 猟 狩 プ キ 興 陶 ゼ 活 ャ 動
```

ブラック  
課題  
チャンピオン  
賢い  
コンテスト  
対角  
ゲーム  
キング  
相手  
パッシブ  

プレーヤー  
ポイント  
女王  
ルール  
犠牲  
戦略  
時間  
学ぶために  
トーナメント  
白い

# 10 - Food #2

```
ダ ブ チ ェ リ ー 釣 バ 法 狩 キ 猟 イ 写
ア ロ ン レ 味 び 狩 ナ 物 ハ ノ ン ジ ダ
画 ッ み 味 ジ 品 画 ナ 猟 プ コ 編 グ シ
キ コ プ 卵 ズ 魔 興 ア 写 興 び り び シ
茄 リ ク ル 画 魔 ヨ ー グ ル ト ハ レ ダ
子 ー パ 味 セ ロ リ テ 味 興 狩 動 ム り
び イ イ 書 び 活 レ ィ 魚 品 ゲ リ キ 芸
猟 キ 撮 読 ー 撮 ン チ ー ズ レ び ウ 喜
ク 写 ズ 小 読 葡 チ ョ コ レ ー ト イ 動
ク ル ク 麦 ジ 萄 キ ー パ 品 影 動 チ ダ
キ 喜 絵 喜 写 魔 書 ク キ 編 芸 編 キ 興
ラ エ 影 ト 園 ル ダ 味 パ 米 真 レ ン 動
喜 キ 真 ダ マ 写 読 ー グ り 写 画 釣 ラ
狩 喜 ン エ キ ト 絵 ゲ 真 味 味 書 び ズ
```

アップル  
アーティチョーク  
バナナ  
ブロッコリー  
セロリ  
チーズ  
チェリー  
チキン  
チョコレート  

茄子  
葡萄  
ハム  
キウイ  
キノコ  
トマト  
小麦  
ヨーグルト

# 11 - Family

```
叔 母 び 叔 真 猟 ン 写 ハ 釣 ダ 喜 娘 真
ル 性 陶 猟 父 動 ン 味 ダ 品 法 リ 動 物
び 真 品 ゲ ジ 品 ル パ 活 み ダ ゲ ラ 夫
り ゲ 陶 ダ 狩 ゼ 猟 び 絵 ム ハ 園 影 写
子 ン プ レ 真 影 み シ 書 真 読 ハ 喜 ン
ム 供 ラ 真 ゲ 書 陶 ャ 喜 品 ン ゼ ダ ラ
レ 孫 の 撮 祖 父 芸 ム 喜 リ パ 興 喜 父
真 狩 び 頃 先 狩 影 写 甥 ハ レ シ び 法
読 ン ル リ キ 味 シ 画 書 読 活 兄 レ 編
パ ク い 興 影 妻 ム プ 猟 ラ ジ 弟 レ ダ
姪 父 と り 編 興 ム 園 ハ ジ ズ エ 物 子
キ 方 こ 興 読 ダ ゲ り 写 陶 母 レ 読 供
写 の ズ り 魔 び シ 魔 ダ 陶 姉 ム 写 達
釣 味 法 法 み 活 ル ゲ 味 子 供 妹 り エ
```

祖先　　　　　　　　　いとこ
叔母　　　　　　　　　祖父
兄弟　　　　　　　　　母性
子供　　　　　　　　　父方の
子供の頃　　　　　　　姉妹
子供達　　　　　　　　叔父

# 12 - Farm #1

| ャ | 物 | ゲ | 動 | 味 | ズ | ャ | 品 | 猟 | パ | ヤ | ギ | ダ | ー |
|---|---|---|---|---|---|---|---|---|---|---|---|---|---|
| 芸 | ラ | 園 | 猫 | 猟 | 狩 | 絵 | ン | 喜 | 喜 | 書 | ム | り | 影 |
| び | 芸 | 釣 | ン | 猟 | ハ | 陶 | ン | 喜 | ャ | 編 | 水 | 味 | ゲ |
| 書 | み | 喜 | 陶 | ム | 陶 | 蜂 | ジ | ー | 画 | 絵 | イ | グ | 味 |
| 肥 | ふ | く | ら | は | ぎ | 蜜 | ヘ | パ | 撮 | ハ | 編 | 芸 | ダ |
| 料 | 動 | グ | 画 | 写 | び | プ | フ | イ | 活 | 狩 | ャ | グ | ム |
| ル | ズ | ク | プ | 影 | み | 米 | ェ | ィ | 活 | 絵 | 物 | シ | 画 |
| 狩 | 陶 | 興 | ズ | パ | ラ | 物 | ン | ハ | ー | 画 | 種 | 釣 | 書 |
| ゲ | 猟 | 牛 | ャ | シ | カ | ラ | ス | ロ | バ | ル | 子 | パ | ゼ |
| 動 | ー | 画 | 編 | ャ | ー | 農 | 喜 | 物 | イ | り | ド | ハ | ャ |
| 品 | ハ | ズ | ジ | ク | ム | 業 | び | 物 | ソ | ダ | ラ | 釣 | キ |
| ル | 画 | 物 | ャ | ク | み | 味 | チ | キ | ン | キ | み | 写 | 活 |
| 法 | ダ | み | 芸 | ム | び | 写 | り | 編 | 物 | 味 | ダ | り | イ |
| ゲ | ー | プ | グ | 絵 | 魔 | 動 | 馬 | 撮 | り | び | ズ | 犬 | 編 |

農業  
バイソン  
ふくらはぎ  
チキン  
カラス  
ロバ  
フェンス  

肥料  
フィールド  
ヤギ  
ヘイ  
蜂蜜  
種子

# 13 - Camping

| 地 | 味 | シ | ダ | 月 | 法 | び | ム | 狩 | グ | ン | 撮 | 魔 | 活 |
|---|---|---|---|---|---|---|---|---|---|---|---|---|---|
| 図 | ダ | 動 | イ | 品 | 真 | 猟 | ダ | び | ク | コ | ジ | レ | ロ |
| プ | ゼ | 法 | レ | プ | ム | パ | キ | ャ | ビ | ン | カ | ヌ | ー |
| 品 | リ | み | 写 | リ | 物 | リ | 編 | 芸 | エ | パ | 魔 | ジ | プ |
| イ | 絵 | ゼ | 写 | ハ | 読 | 魔 | ラ | 陶 | グ | ス | ゲ | 魔 | 動 |
| 昆 | 虫 | 狩 | 猟 | ハ | ン | モ | ッ | ク | 山 | 木 | 物 | 火 | 物 |
| 書 | 法 | プ | 法 | 芸 | 影 | ゲ | 書 | 釣 | み | 写 | 猟 | 編 | ン |
| ズ | グ | 楽 | し | い | ダ | り | 動 | エ | 園 | エ | 書 | 陶 | 森 |
| 釣 | グ | 写 | 興 | イ | 写 | ラ | 魔 | リ | 陶 | 動 | 書 | パ | ル |
| ゼ | イ | り | 画 | 芸 | 陶 | り | グ | 自 | 然 | ル | 喜 | 喜 | 画 |
| 書 | ラ | 釣 | 狩 | 品 | 撮 | 撮 | ク | テ | 園 | 書 | ャ | ズ | 帽 |
| 興 | 物 | ジ | ャ | 編 | 園 | 冒 | ャ | リ | ン | イ | ー | ゲ | 子 |
| 魔 | ル | 画 | 活 | 喜 | ズ | 険 | 動 | 園 | 書 | ト | 写 | 真 | 喜 |
| 湖 | 活 | ー | 興 | ラ | 釣 | エ | ル | 味 | ン | ー | 猟 | 品 | レ |

冒険  
動物  
キャビン  
カヌー  
コンパス  
楽しい  
ハンモック  

帽子  
狩猟  
昆虫  
地図  
自然  
ロープ  
テント

# 14 - Conservation

```
ボ ラ ン ティ ア グ 農 ン レ 絵 魔 喜 芸
ナ レ 猟 陶 編 化 撮 陶 薬 サ イ ク ル 味
チ 写 撮 健 康 学 削 興 書 ゲ 陶 園 教 育
ュ ン 猟 ル 園 薬 減 ム 魔 緑 狩 プ 書 ダ
ラ り 品 ゼ ー 品 水 絵 ク エ ー ン ム キ
ル ゃ 興 味 ー ク 絵 汚 染 ゼ 味 魔 書 芸
品 活 芸 魔 写 り 釣 芸 真 猟 み 生 態 系
リ シ み 陶 芸 動 喜 ゲ 物 ダ 影 ー 息 動
気 有 リ サ イ ク ル ゼ ム 環 キ ハ ラ 地
候 機 猟 魔 釣 ゲ 持 続 可 能 境 芸 活 ク
品 動 グ 読 ャ リ 魔 ジ 編 物 釣 喜 パ 編
ラ 真 ゲ ー リ イ 画 陶 法 ム グ ル ダ グ
ズ グ 魔 ゃ 懸 編 エ ラ ゼ み イ 興 釣 陶
真 味 イ ゃ 念 グ レ イ 味 読 ク ク シ ジ
```

化学薬品　　　　　　　　ナチュラル
気候　　　　　　　　　　有機
懸念　　　　　　　　　　農薬
サイクル　　　　　　　　汚染
生態系　　　　　　　　　リサイクル
教育　　　　　　　　　　削減
環境　　　　　　　　　　持続可能
生息地　　　　　　　　　ボランティア
健康

# 15 - Numbers

| | | | | | | | | | | | | |
|---|---|---|---|---|---|---|---|---|---|---|---|---|
|興|ジ|キ|絵|喜|ズ|十|撮|写|一|書|ャ|プ|レ|
|ゲ|プ|味|猟|ム|プ|五|絵|写|読|レ|魔|動|ャ|
|写|撮|り|ダ|書|レ|ジ|絵|狩|工|真|み|り|セ|
|編|物|影|ゼ|喜|ク|ク|園|ジ|パ|興|法|絵|ブ|
|ゼ|品|興|十|六|ジ|動|イ|魔|真|芸|活|イ|ン|
|陶|活|味|四|編|書|読|リ|喜|リ|キ|十|ジ|テ|
|プ|リ|読|び|十|絵|ャ|十|画|セ|ン|書|九|ィ|
|パ|物|シ|ジ|八|ハ|品|ズ|芸|り|ブ|書|レ|ー|
|ム|物|ム|ル|影|興|猟|興|真|書|画|ン|真|ン|
|ジ|園|ン|八|み|写|シ|影|小|物|動|キ|九|ン|
|レ|物|影|六|読|陶|真|キ|数|喜|味|十|二|活|
|猟|シ|み|レ|動|動|十|三|二|エ|ジ|ダ|園|活|
|陶|二|ズ|法|ダ|り|法|陶|書|十|編|ム|み|ゲ|
|猟|影|り|ゼ|レ|ー|五|撮|絵|プ|品|写|陶|一|

小数　　　　　　　　　セブンティーン
十八　　　　　　　　　十六
十五　　　　　　　　　十三
十四　　　　　　　　　十二
十九　　　　　　　　　二十
セブン

# 16 - Spices

```
プ 撮 ハ ー 苦 甘 ク ロ ー ブ 玉 プ 絵 プ
カ ル ダ モ ン ィ ャ 法 猟 編 葱 ズ 書 釣
レ 品 パ 影 芸 法 画 ゼ 絵 ジ 読 釣 ー
ー 動 ラ 活 法 シ 画 ゼ 画 ラ ジ 興 リ リ
パ フ ジ ー ジ ナ パ 狩 パ レ 読 芸 ク
プ ェ 興 味 興 モ ツ 興 活 陶 ン び 狩 パ
リ ン サ フ ラ ン 塩 メ ゲ ン 陶 魔 び ズ
カ ネ ショ ウ ガ ニ ズ グ シ ゲ コ 味 レ
ー ル ズ ダ キ ー ン フ ェ ヌ グ リ ー ク
キ 芸 ダ 影 ラ バ ニ ラ 画 猟 ル ア ニ ス
ク 編 芸 品 編 画 ク パ 味 画 味 ン ン 釣
グ 興 品 法 ゼ ン ミ ム 物 物 法 ダ 法 釣
狩 陶 ラ ク 読 キ ン 興 陶 ル ダ ー 芸 ン
絵 絵 ー み 味 ャ 絵 ー 陶 影 ン レ ク レ
```

アニス
苦い
カルダモン
シナモン
クローブ
コリアンダー
クミン
カレー
フェンネル

フェヌグリーク
ニンニク
ショウガ
ナツメグ
玉葱
パプリカ
サフラン
甘い
バニラ

# 17 - Mammals

| | | | | | | | | | | | | |
|---|---|---|---|---|---|---|---|---|---|---|---|---|
|影|イ|ル|カ|読|ジ|読|カ|画|ハ|び|興|ダ|ズ|
|ダ|ム|陶|象|品|キ|リ|ン|芸|画|レ|ブ|ル|品|
|撮|魔|コ|撮|喜|ハ|ダ|ガ|物|活|エ|り|魔|レ|
|動|ャ|ヨ|味|キ|パ|編|ル|ジ|羊|う|さ|ぎ|ラ|
|ハ|書|ー|ゲ|編|り|ジ|ー|物|興|真|エ|馬|キ|
|陶|味|テ|ゲ|書|ル|書|ゼ|興|ハ|ゲ|絵|ダ|編|
|ル|魔|び|芸|ズ|ャ|園|魔|ャ|魔|喜|パ|ゲ|ダ|
|シ|マ|ウ|マ|興|び|法|ン|ライ|オ|ン|釣|活|
|シ|興|ン|写|エ|法|陶|パ|動|ダ|熊|魔|真|画|
|猿|喜|絵|絵|喜|イ|ゴ|リ|ラ|猫|ビ|ー|バ|ー|
|魔|法|喜|狩|ャ|ル|編|ャ|物|写|味|画|撮|シ|
|ハ|ダ|狐|鯨|釣|園|み|プ|ゼ|ダ|ラ|み|ジ|ズ|
|ゼ|ャ|芸|編|物|狼|パ|活|シ|猟|魔|ダ|び|ハ|
|ダ|エ|ン|ャ|狩|ー|犬|ー|興|ハ|ゲ|猟|編|釣|

ビーバー　　　　　ゴリラ
ブル　　　　　　　カンガルー
コヨーテ　　　　　ライオン
イルカ　　　　　　うさぎ
キリン　　　　　　シマウマ

# 18 - Fishing

| | | | | | | | | | | | | | |
|---|---|---|---|---|---|---|---|---|---|---|---|---|---|
|ャ|ー|園|キ|ゼ|ル|ボ|び|猟|ジ|ラ|魔|品|エ|
|ム|ム|プ|ワ|イ|ヤ|ー|ル|書|書|ク|ダ|ン|ゼ|
|動|ラ|イ|活|動|芸|ト|芸|読|イ|エ|絵|絵|猟|
|シ|シ|季|イ|法|猟|ダ|芸|ハ|画|海|ム|シ|編|
|動|レ|パ|節|法|読|え|ン|絵|ク|洋|忍|ム|ム|
|ビ|ー|チ|プ|バ|レ|ズ|ら|重|影|ゲ|耐|狩|キ|
|品|動|編|画|ス|読|読|法|興|さ|グ|味|湖|活|
|ラ|レ|ム|レ|ケ|品|味|活|物|ー|シ|み|ャ|活|
|写|プ|読|プ|ッ|ズ|び|写|読|写|ム|興|ー|写|
|パ|陶|画|品|ト|芸|魔|レ|法|水|フ|ッ|ク|動|
|影|活|み|園|ー|撮|撮|プ|び|餌|絵|ラ|編|ゼ|
|喜|活|編|法|顎|過|言|猟|び|プ|シ|シ|ル|シ|
|興|画|読|読|陶|ャ|書|味|ム|絵|ー|フ|ィ|ン|
|ル|川|レ|猟|猟|ラ|芸|ジ|み|び|ハ|品|パ|ム|

バスケット  
ビーチ  
ボート  
過言  
フィン  
えら  

フック  
海洋  
忍耐  
季節  
重さ  
ワイヤー

# 19 - Restaurant #1

```
食書キ興画味グジ品動メハ真ラ
ャベ芸ダ書皿影ゲキジニ魔影画
読喜物プ味絵画シダソュ活喜陶
活ャ猟ウ肉アレギーグプ芸
ームャ品ェアジラリ狩ス陶魔ジハ
品魔パイ魔陶園ジ読園影ラ味喜
チキント品真エラ陶芸猟味品辛
デッ書レ釣コーヒー釣レ編釣い
ザチパスエキ編ャ法パな芸味
ーンボ読画ズムャ撮園ハイプズハ
トクウ読喜ゼゲゼエンフ品キり
ムールみルーャダ真イ狩予約ン
芸ム書動狩グ興魔芸猟編読イ品
み園キ品真み書物法編喜芸ーび
```

アレルギー　　　ナイフ
ボウル　　　　　メニュー
パン　　　　　　ナプキン
チキン　　　　　予約
コーヒー　　　　ソース
デザート　　　　辛い
食べ物　　　　　ウェイトレス
キッチン

# 20 - Bees

```
書フ群煙ラびパレ真み昆パ花読
読ルれ動ラ庭リリ真り虫味粉ル
グーりワックスンーレ狩ン媒物
ハツ狩りエびン活真太陽真介レ
リ釣陶ゼシ品ゲゲ園芸編喜者ゼ
猟エム有絵ジ芸物園園真動ゲプ
編真ャ益ララ品品陶園ダ真グャ
読動グキラ動ジ狩ズゼ猟真イレ
芸品みみプ画プ絵レグイ品ゲジ
多様性ズャク法イ植編グみ陶ゲ
影活真絵巣食べ物真魔みみ魔
生動リパ絵魔レラ女ダ狩ゼ魔
態撮写蜂箱影動パ活王読翼ゲ
系魔ャシ喜蜜ン生息地ラ猟花粉
```

| | |
|---|---|
| 有益 | 昆虫 |
| 多様性 | 植物 |
| 生態系 | 花粉 |
| 食べ物 | 花粉媒介者 |
| フルーツ | 女王 |
| 生息地 | 太陽 |
| 巣箱 | 群れ |
| 蜂蜜 | ワックス |

# 21 - Sports

| み | ー | み | 絵 | ラ | パ | 体 | ホ | ラ | 魔 | 絵 | 味 | チ | バ |
|---|---|---|---|---|---|---|---|---|---|---|---|---|---|
| プ | 陶 | レ | 物 | 芸 | リ | 操 | ル | ッ | キ | 猟 | パ | ャ | ス |
| み | イ | 喜 | プ | 画 | ー | 品 | 園 | 法 | ケ | コ | ン | ピ | ケ |
| ズ | 写 | 物 | キ | 狩 | 興 | キ | 真 | 絵 | ゲ | ー | ム | ピ | ッ |
| ャ | 陶 | 動 | 法 | 活 | 動 | び | 影 | 読 | 編 | チ | ゼ | オ | ト |
| 編 | 工 | 猟 | 動 | ズ | プ | チ | み | 狩 | ゼ | 魔 | 法 | ン | ボ |
| レ | ク | グ | 絵 | ハ | 審 | 物 | ー | み | プ | 絵 | ル | シ | ー |
| 芸 | ハ | ハ | 画 | 味 | 喜 | 判 | 喜 | ム | ャ | 読 | 物 | ッ | ル |
| ゲ | ル | 絵 | 読 | 絵 | シ | 編 | ダ | ゲ | リ | 魔 | 撮 | プ | キ |
| 狩 | 物 | キ | 園 | ム | 魔 | シ | シ | 体 | 育 | 館 | 影 | プ | ズ |
| 陶 | テ | ニ | ス | タ | ジ | ア | ム | ゴ | ル | フ | 野 | レ | ム |
| 勝 | 者 | 喜 | ャ | ム | ー | ー | 影 | ム | プ | キ | 球 | ー | ゲ |
| 写 | ゲ | ム | ゼ | エ | 動 | ー | び | 撮 | 自 | 転 | 車 | ヤ | シ |
| イ | 動 | き | ー | ク | プ | 狩 | ア | ス | リ | ー | ト | ー | イ |

| | |
|---|---|
| アスリート | 体操 |
| 野球 | ホッケー |
| バスケットボール | 動き |
| 自転車 | プレーヤー |
| チャンピオンシップ | 審判 |
| コーチ | スタジアム |
| ゲーム | チーム |
| ゴルフ | テニス |
| 体育館 | 勝者 |

# 22 - Weather

```
法 法 撮 園 風 真 み ル 極 み 撮 グ 書 温
猟 み ャ 氷 釣 魔 み 狩 画 性 ダ 味 レ 度
グ 物 ズ 興 魔 絵 真 魔 工 喜 動 書 影
興 ゼ 喜 園 シ ル 興 ム 法 狩 動 画 イ
撮 味 画 パ キ 竜 園 空 品 編 グ 画 品
そ ズ 動 法 真 絵 巻 早 味 稲 妻 ハ 工 味
よ 陶 み 虹 絵 り ク 魃 魔 写 喜 リ 品 品
風 動 ズ ゼ 釣 ク プ 味 ク ゼ パ ケ ハ り
霧 猟 編 写 動 ズ パ モ ン ス ー ン 魔
囲 ク リ エ 釣 品 ズ ド 雷 園 ン ズ イ
気 候 園 嵐 ジ ゼ ー ダ ラ 霧 パ 品 レ ャ
編 シ 写 編 ム プ ズ ン イ 芸 レ ラ ジ ル
ラ 物 ダ 活 び ゼ 雲 影 釣 陶 物 狩
喜 り 陶 ゲ ト ロ ピ カ ル 読 ズ 狩 影 り
```

雰囲気　　　　　　　稲妻
そよ風　　　　　　　モンスーン
気候　　　　　　　　極性
旱魃　　　　　　　　温度
ドライ　　　　　　　竜巻
ハリケーン　　　　　トロピカル

# 23 - Adventure

活動
美しさ
勇気
課題
チャンス
危険な
行き先
困難
熱意
遠足

友達
旅程
喜び
自然
ナビゲーション
新着
機会
準備
安全性
珍しい

# 24 - Circus

| 編 | 魔 | シ | 絵 | リ | ア | グ | 芸 | り | 猿 | グ | イ | 写 | ム |
|---|---|---|---|---|---|---|---|---|---|---|---|---|---|
| 壮 | キ | ゼ | ダ | 法 | ク | 魔 | 写 | シ | ダ | 画 | ン | 喜 | 書 |
| 観 | 撮 | 物 | ピ | エ | ロ | 陶 | ジ | 品 | 画 | み | キ | 写 | 撮 |
| な | 客 | グ | テ | ダ | バ | ズ | 編 | 画 | 書 | ダ | 写 | 真 | 品 |
| 法 | ラ | イ | オ | ン | ッ | 風 | 物 | 真 | イ | 影 | 音 | 楽 | 活 |
| ダ | ン | チ | ケ | ッ | ト | 船 | ラ | リ | 狩 | 狩 | パ | ゲ | 書 |
| ム | プ | 物 | ン | 物 | リ | 読 | 法 | 法 | り | 撮 | ゼ | び | プ |
| 活 | ゲ | ゼ | ゼ | ム | ッ | ジ | 釣 | コ | エ | ズ | 写 | ジ | パ |
| 品 | 興 | 狩 | ン | 喜 | ク | り | パ | ハ | ス | 編 | ジ | ャ | ゲ |
| び | 象 | 絵 | ジ | エ | ゲ | ゼ | リ | イ | 画 | チ | 喜 | グ | 品 |
| プ | 動 | 物 | ャ | 魔 | リ | 猟 | ャ | シ | キ | 撮 | ュ | ラ | 編 |
| 虎 | イ | 撮 | 書 | ャ | 狩 | 物 | ル | 活 | 書 | パ | レ | ー | ド |
| レ | 釣 | 味 | 写 | 編 | 一 | 園 | 品 | 釣 | 釣 | グ | イ | 活 | ム |
| キ | 活 | ム | 園 | 興 | 魔 | 法 | ズ | パ | 撮 | エ | 興 | ル | び |

アクロバット　　　　　　音楽
動物　　　　　　　　　　パレード
風船　　　　　　　　　　壮観な
ピエロ　　　　　　　　　観客
コスチューム　　　　　　テント
ジャグラー　　　　　　　チケット
ライオン　　　　　　　　トリック
魔法

# 25 - Tools

| | | | | | | | | | | | | |
|---|---|---|---|---|---|---|---|---|---|---|---|---|
| ロ | ダ | キ | ジ | エ | キ | 味 | ズ | 活 | グ | 物 | ー | ハ | 撮 |
| ー | ダ | 品 | ズ | ジ | 真 | ケ | ク | ム | は | ナ | イ | フ |
| プ | 喜 | ャ | 釣 | ス | テ | ー | プ | ラ | ー | ハ | し | 陶 | ー |
| ホ | イ | ー | ル | 絵 | ル | ブ | び | 動 | 影 | ゲ | 狩 | ご | 喜 |
| イ | 絵 | ジ | 写 | リ | 編 | ル | 編 | 撮 | ラ | リ | ハ | 物 | シ |
| 斧 | 動 | 物 | 芸 | ル | ー | ラ | ー | レ | 画 | ャ | 動 | 狩 | ゼ |
| ゲ | シ | 喜 | 書 | エ | エ | 陶 | 猟 | 編 | 物 | マ | レ | ッ | ト |
| ン | ャ | り | イ | 喜 | 品 | ね | 活 | 活 | は | キ | 物 | ズ | 動 |
| か | ベ | プ | ー | ゼ | レ | ン | じ | 魔 | さ | ゲ | 法 | 狩 | ン |
| み | ル | シ | ハ | ム | 狩 | ー | の | り | み | パ | び | 影 | ー |
| そ | 園 | り | イ | 園 | ゲ | グ | パ | グ | 園 | 芸 | レ | 魔 | 編 |
| り | エ | ハ | ル | ゼ | 喜 | ー | ト | ャ | み | ペ | パ | び | ン |
| ス | テ | ー | プ | ル | 興 | ズ | ー | 書 | ャ | ハ | ン | マ | ー |
| ー | ズ | エ | ダ | り | ダ | 猟 | チ | 撮 | 画 | ク | 画 | チ | ゲ |

ケーブル
のり
ハンマー
ナイフ
はしご
マレット
ペンチ
かみそり
ロープ

ルーラー
はさみ
ねじ
シャベル
ステープル
ステープラー
トーチ
ホイール

# 26 - Restaurant #2

| | | | | | | | | | | | | |
|---|---|---|---|---|---|---|---|---|---|---|---|---|
|ズ|ャ|ス|プ|ー|ン|ク|ル|味|絵|ル|ャ|ジ|ウ|
|喜|フ|ル|ー|ツ|画|興|エ|活|レ|ル|喜|レ|ェ|
|ム|釣|狩|猟|プ|野|ス|パ|イ|ス|真|レ|ハ|イ|
|シ|び|レ|興|動|菜|芸|動|ジ|編|狩|り|絵|タ|
|読|び|グ|味|猟|真|ム|り|画|影|絵|ゼ|活|ー|
|喜|ゲ|ル|魔|画|園|ム|ハ|興|グ|ズ|釣|レ|物|
|魔|絵|読|絵|物|釣|ダ|書|影|ン|影|ゼ|撮|サ|
|ム|り|写|猟|芸|塩|レ|興|グ|パ|エ|ク|パ|ラ|
|キ|飲|料|リ|釣|イ|ラ|物|イ|ダ|ル|芸|真|ダ|
|法|び|プ|ン|真|麺|ン|喜|ル|タ|み|影|ズ|写|
|法|ゼ|ン|ケ|影|び|チ|写|画|卵|食|プ|ゲ|び|
|味|フ|ォ|ー|ク|書|パ|味|ム|リ|味|ダ|画|み|
|魚|プ|水|キ|レ|法|絵|読|美|味|し|い|ー|氷|
|キ|ル|画|園|釣|ハ|陶|陶|イ|リ|椅|子|エ|法|

飲料  
ケーキ  
椅子  
美味しい  
夕食  
フォーク  
フルーツ  

ランチ  
サラダ  
スープ  
スパイス  
スプーン  
野菜  
ウェイター

# 27 - Geology

| キ | 読 | ゲ | 高 | 芸 | ズ | 読 | キ | り | 溶 | 岩 | ゼ | キ | キ |
|---|---|---|---|---|---|---|---|---|---|---|---|---|---|
| ダ | 真 | 編 | 原 | 物 | プ | 影 | レ | 画 | ハ | み | シ | び | ー |
| 猟 | ル | 撮 | 影 | キ | シ | キ | 読 | 猟 | 狩 | ン | 真 | ハ | 狩 |
| グ | 狩 | 品 | キ | グ | シ | パ | 侵 | 食 | 結 | 晶 | 絵 | 品 | 活 |
| レ | ダ | 層 | パ | 法 | 釣 | 園 | ャ | パ | ン | ク | 写 | ゼ | 陶 |
| り | シ | 影 | 洞 | ゼ | 工 | 影 | り | イ | ズ | 真 | ー | ゲ | シ |
| 品 | 興 | ミ | 窟 | ゼ | レ | 味 | び | 絵 | 真 | 酸 | エ | ズ | ハ |
| イ | ジ | ネ | ャ | ム | 釣 | 魔 | イ | 撮 | グ | り | 書 | び | 味 |
| シ | カ | ラ | 絵 | 読 | 書 | ジ | 撮 | 味 | 間 | 化 | 味 | ゲ | 動 |
| エ | レ | ズ | 編 | 興 | 書 | ゲ | イ | 欠 | 石 | プ | ハ | ム |
| 火 | 山 | レ | シ | レ | 画 | リ | 陶 | ダ | 泉 | ゲ | ジ | コ | ャ |
| ラ | 石 | 英 | り | ウ | 塩 | 画 | 興 | ー | ズ | 書 | 影 | ー | 陶 |
| 大 | 狩 | ム | 書 | ン | ム | 地 | 鍾 | 乳 | 石 | 物 | 書 | ラ | 喜 |
| 狩 | 陸 | プ | ラ | パ | リ | ル | 震 | 喜 | サ | イ | ク | ル | イ |

カルシウム　　　化石
洞窟　　　　　　間欠泉
大陸　　　　　　溶岩
コーラル　　　　ミネラル
結晶　　　　　　高原
サイクル　　　　石英
地震　　　　　　鍾乳石
侵食　　　　　　火山

# 28 - House

| 絵 | ガ | 編 | ラ | ク | キ | 絵 | 部 | カ | イ | み | ー | グ | ハ |
|---|---|---|---|---|---|---|---|---|---|---|---|---|---|
| パ | レ | エ | ダ | ラ | ジ | ッ | 屋 | ー | ズ | 画 | 園 | 庭 | り |
| 屋 | ー | フ | ェ | ン | ス | 喜 | チ | テ | ラ | 絵 | 図 | 書 | 館 |
| 根 | ジ | ズ | ハ | プ | 暖 | 炉 | 画 | ン | 撮 | ズ | 動 | 撮 | 書 |
| 裏 | レ | 真 | 床 | イ | 猟 | 書 | ズ | キ | ジ | び | 写 | ゼ | ズ |
| ズ | 画 | キ | ル | 撮 | 芸 | キ | ダ | ー | 写 | 動 | 真 | 物 | 写 |
| ル | 写 | パ | プ | グ | シ | び | 園 | 喜 | イ | 絵 | 画 | イ | び |
| ゲ | 影 | シ | ン | 物 | ジ | び | ン | ク | 喜 | 編 | ラ | レ | ジ |
| パ | キ | 読 | ル | 芸 | レ | ダ | 活 | 興 | ー | レ | 読 | ジ | キ |
| ャ | グ | 鏡 | 園 | エ | ー | 狩 | 真 | 猟 | 猟 | リ | 芸 | ク | み |
| 喜 | 真 | 動 | ジ | ゲ | 法 | ゼ | 家 | 具 | シ | 物 | 撮 | 屋 | 根 |
| び | ほ | 編 | ズ | プ | プ | 撮 | ド | 窓 | シ | 影 | 壁 | 撮 | ム |
| ク | う | 写 | 品 | 動 | 真 | ハ | ア | ー | ワ | ジ | 芸 | ャ | 読 |
| レ | き | ラ | 写 | 品 | み | び | 興 | ゼ | ー | 読 | 動 | ラ | 読 |

屋根裏  
ほうき  
カーテン  
ドア  
フェンス  
暖炉  
家具  
ガレージ  

キー  
キッチン  
ランプ  
図書館  
屋根  
部屋  
シャワー

# 29 - Bathroom

| 猟 | 魔 | 味 | シ | 画 | ム | レ | 品 | エ | シ | 画 | 喜 | 陶 | タ |
|---|---|---|---|---|---|---|---|---|---|---|---|---|---|
| ハ | シ | イ | 喜 | 猟 | 読 | ク | り | み | ダ | 陶 | ジ | ラ | オ |
| 釣 | 撮 | ラ | グ | 編 | 喜 | プ | イ | ク | 読 | 香 | 水 | 魔 | ル |
| び | 狩 | プ | 読 | グ | 読 | 味 | ー | パ | 写 | シ | エ | 撮 | シ |
| 撮 | 動 | は | ス | ポ | ン | ジ | 法 | 興 | 魔 | シ | ャ | 書 | イ |
| ム | 魔 | 真 | さ | ン | パ | グ | リ | 真 | 読 | ン | 画 | ワ | 写 |
| イ | 蛇 | ロ | ー | み | び | ゼ | 蒸 | 気 | 動 | プ | 影 | ャ | ー |
| キ | 絵 | 真 | 喜 | 喜 | ロ | グ | ン | ゼ | 真 | ー | 味 | 興 | 芸 |
| 魔 | 喜 | ャ | 興 | グ | ー | 品 | 浴 | 写 | 動 | キ | 活 | ク | 影 |
| 猟 | 芸 | ゼ | 撮 | イ | シ | 狩 | 影 | ゼ | ル | イ | レ | シ | 写 |
| 鏡 | 物 | ズ | 興 | ゼ | ョ | ズ | み | イ | シ | 真 | ラ | グ | キ |
| リ | ム | ル | み | 喜 | ン | ゲ | 撮 | 動 | 動 | 写 | ラ | ー | 魔 |
| 釣 | ム | 物 | 釣 | 撮 | 味 | り | ダ | 石 | ダ | 影 | ー | 泡 | 画 |
| ム | シ | 動 | ト | イ | レ | 品 | 興 | 鹸 | み | み | 真 | プ | ャ |

蛇口　　　　　　　シャワー
ローション　　　　石鹸
香水　　　　　　　スポンジ
ラグ　　　　　　　蒸気
はさみ　　　　　　トイレ
シャンプー　　　　タオル

# 30 - School #1

```
真 み ム 狩 絵 品 園 り 答 猟 シ プ 園 ハ
み 楽 し い ム 興 ズ 撮 プ え 猟 影 レ 物
み 撮 活 法 読 ダ み 影 真 品 撮 真 ラ ン
ハ ム ー ゼ 動 影 活 魔 り 真 ク 法 エ ャ
狩 写 ー ル 芸 ク ラ 写 法 み 興 フ 猟 書
プ ペ 園 品 絵 パ ハ ハ 園 影 ォ キ 真
興 ン み 影 狩 り ラ ラ ン チ グ ル 猟 ア
パ イ ズ 法 活 ル 読 ン ク 数 学 ダ 机 ル
ク 真 び 編 クズ 編 マ ー カ ー グ ファ
陶 ャ 芸 シ 喜 絵 真 ラ ル 芸 ゲ 鉛 イ ベ
プ グ ム ル シ 動 狩 ズ 園 書 籍 筆 ゲ ッ
エ 友 達 試 験 影 グ イ グ 先 生 画 絵 ト
椅 子 学 ぶ た め に ラ 影 ク 動 紙 編 キ
ク ダ 教 室 み 活 釣 図 書 館 び リ キ ト
ゲ
```

アルファベット　　　図書館
答え　　　　　　　　ランチ
書籍　　　　　　　　マーカー
椅子　　　　　　　　数学
教室　　　　　　　　鉛筆
試験　　　　　　　　ペン
フォルダー　　　　　クイズ
友達　　　　　　　　先生
楽しい　　　　　　　学ぶために

# 31 - Dance

| 興 | ビ | ゼ | ラ | プ | 品 | 体 | 感 | 喜 | 陶 | び | ャ | 姿 | 勢 |
|---|---|---|---|---|---|---|---|---|---|---|---|---|---|
| 品 | ジ | 魔 | 文 | 化 | 動 | ム | 編 | 情 | ダ | 編 | ダ | 園 | イ |
| ハ | ュ | リ | ク | 影 | ハ | ジ | パ | イ | ゼ | グ | 画 | パ |
| ズ | ア | 芸 | シ | ク | 動 | ャ | 表 | ア | カ | デ | ミ | ー | リ |
| 撮 | ル | 陶 | リ | 動 | 興 | 魔 | 現 | ー | パ | ー | ト | ナ | ー |
| び | 物 | 活 | 真 | ゼ | シ | 画 | カ | ト | 写 | ム | ハ | 編 | シ |
| 物 | 動 | ク | ラ | シ | ッ | ク | 豊 | ジ | ラ | 真 | パ | 味 | リ |
| び | 振 | 工 | 品 | 釣 | シ | 味 | か | 陶 | 狩 | 絵 | グ | 活 | 影 |
| 釣 | り | 喜 | 釣 | キ | パ | 写 | な | ゼ | 活 | 活 | プ | 味 | 魔 |
| 写 | 付 | 音 | 真 | 興 | キ | ー | 喜 | イ | ン | ダ | ク | パ | |
| ム | け | 楽 | 真 | 興 | 味 | プ | リ | シ | キ | ン | ハ | レ | |
| 喜 | 撮 | 動 | 物 | 陶 | 動 | ズ | び | ズ | 興 | 画 | 画 | 狩 | 物 |
| 編 | 動 | ン | き | リ | ハ | ー | サ | ル | ム | プ | ル | ズ | リ |
| 真 | ゲ | ラ | 絵 | 画 | ン | ダ | 興 | 書 | 喜 | 伝 | 統 | 的 | ャ |

アカデミー  
アート  
振り付け  
クラシック  
文化  
感情  
表現力豊かな  
動き  

音楽  
パートナー  
姿勢  
リハーサル  
リズム  
伝統的  
ビジュアル

# 32 - Colors

```
ジ芸びルゲキールりマム園エイ
シグ紺碧りズピイプゼ動魔活猟
アレラパムンン園ン陶ムズ書
ンリベージュクジ物タ魔品ン写
ダクルイ興フリゴ緑ン狩シパハ
茶編影赤りクムルク芸画紫クム狩
ダ色法ゲ狩シゾ興品写興ラム喜
影バゼセピアンゲ魔芸芸品編
園イー真ゼクズムゃゼラ影ル絵
影オ白いキ読編園シブ喜ジ味
ルレレ法み狩写シびラ活青味
狩ッキ法みリー猟法パック法興ゼ
ジトンジダ猟み撮魔ク影ラ黄
撮影ズズラーりリム影陶影園色
```

紺碧　　　　　　　　インジゴ
ベージュ　　　　　　マゼンタ
ブラック　　　　　　オレンジ
茶色　　　　　　　　ピンク
クリムゾン　　　　　セピア
シアン　　　　　　　バイオレット
フクシア　　　　　　白い
グレー　　　　　　　黄色

# 33 - Climbing

```
ヘ 手 袋 ゲ ズ 書 動 ャ 安 ン ム 法 強 物
狩 ル 書 興 影 ク 活 ハ 定 動 レ り 写 さ
撮 ハ メ ゲ 味 シ 地 形 性 プ ン 芸 ン エ
レ パ ン ッ み 図 喜 パ 園 陶 り ル キ
グ 魔 物 品 ト 魔 プ 釣 猟 ズ 高 専 門 家
グ ゲ 課 ラ 読 リ 編 イ び ク 活 度 品 み
園 ル 題 ン 園 画 イ シ 物 絵 狩 活 パ 画
陶 ハ 写 リ 動 興 ク ル 法 ー ゲ 味 狭 芸
ガ イ ド ト レ ー ニ ン グ ダ 魔 グ い イ
レ キ エ り 絵 編 ブ ー ツ ル 影 興 び ラ
写 ン キ 読 エ パ ゲ プ 品 喜 パ 興 影 興
動 グ ゲ 読 キ 物 洞 窟 レ シ 猟 好 奇 心
び ク 芸 ャ グ 雰 囲 気 怪 我 真 芸 エ グ
リ 狩 ダ み 釣 パ 影 芸 味 品 動 動 パ 狩
```

| | |
|---|---|
| 高度 | ヘルメット |
| 雰囲気 | ハイキング |
| ブーツ | 怪我 |
| 洞窟 | 地図 |
| 課題 | 狭い |
| 好奇心 | 安定性 |
| 専門家 | 強さ |
| 手袋 | 地形 |
| ガイド | トレーニング |

# 34 - Shapes

```
動プ動三品シピラミッド興エ猟
猟リハ角乗真リイびレ編レッ法
喜ズプ形撮ャレン読影興ジダ
クムグ影撮ゲ品ククダコ狩画レ猟
リグ工写ゼー猟書イーゲイ絵絵
双ー写アりりシ画物ナ読レパダ
写曲線ー写芸品影ズー芸パエ
ルル線クレ園レ物り物動読物ン
ゃゼ興絵画品活活レーイクゼり
品グ芸レエレ法味猟パ真書絵プ
釣ゲみリ絵ジ側楕円魔工真ンエ
クび活レ編猟ジ円ハり園多動イ
猟写ゼ狩レ編矩形円法リ角影編
書真釣び興ゲ園絵錐活み形キハ
```

アーク　　　　　　双曲線
円錐　　　　　　　ライン
コーナー　　　　　楕円形
三乗　　　　　　　多角形
曲線　　　　　　　プリズム
シリンダー　　　　ピラミッド
エッジ　　　　　　矩形
楕円　　　　　　　三角形

# 35 - Scientific Disciplines

```
法 シ 地 絵 生 法 心 狩 ゲ 撮 法 興 植 び
法 喜 質 動 物 化 理 り ー 魔 撮 動 物 学
解 剖 学 味 学 魔 み 味 生 態 学 物
味 天 ャ り レ キ ネ シ オ ロ ジ ー 編 陶
園 文 物 ャ 免 疫 学 活 釣 シ り ー 品 ル
ク 学 リ 釣 グ シ ゼ パ 興 味 釣 鉱
ン ジ 喜 活 言 語 学 陶 絵 工 物 芸 真 物
化 ダ 編 ン 物 影 撮 キ キ 熱 考 古 学
釣 学 物 魔 り 画 グ キ ゲ 釣 ン 力 生 理
猟 プ 動 ル プ 猟 ダ 釣 プ 魔 学 学 工
魔 真 シ 真 影 ー 活 絵 シ イ 猟 ゼ 写
神 経 学 猟 ゲ 社 プ 影 ャ ム 書 興 画 魔
エ 絵 ゼ 喜 ン 会 み 猟 ラ プ リ 書 ャ
ラ 味 写 り ジ 学 ム 画 レ ル ハ 活 芸
```

解剖学 キネシオロジー
考古学 言語学
天文学 力学
生化学 鉱物学
生物学 神経学
植物学 生理
化学 心理学
生態学 社会学
地質学 熱力学
免疫学 動物学

# 36 - School #2

```
園ラ消友達バ芸科画影イ週陶真
キハしエ物喜ッ学書リイ末辞ズ
プ法ゴャ真猟プクレエゼ書籍
興興ムク鉛筆りシレパ写品ジゲ動
物りク真影法味レラッゲパ撮消耗
画陶ル品アカデミックラ興品
図書館リズ物編喜レ絵シ影文法
エはジルジゲ魔ハりパ先絵ー芸
クさパジ活シ画活教カ生真びハ
園みハ撮写画興猟育キレ編紙み
ャ編ルーゼャ写編陶りズン釣
コンピュータ文ジ編プシ物ダー
ンレリ狩魔喜学品陶書魔陶ラレ
グり釣釣狩ラ釣動芸ク味バス
```

| | |
|---|---|
| アカデミック | 文法 |
| バックパック | 図書館 |
| 書籍 | 文学 |
| バス | 鉛筆 |
| カレンダー | 科学 |
| コンピュータ | はさみ |
| 辞書 | 消耗品 |
| 教育 | 先生 |
| 消しゴム | 週末 |
| 友達 | |

# 37 - Science

```
動 園 気 ル 化 ダ 重 書 ゼ 喜 ハ グ ャ 画
事 実 候 物 学 狩 力 興 画 編 ダ レ プ 編
進 ン リ み 薬 園 科 イ 影 キ 動 釣 ラ ハ
化 ジ グ 仮 品 り 学 ー 絵 ダ 真 エ ン 画
法 び デ 説 ゼ 物 者 プ シ プ 撮 影 エ 猟
ゲ プ ー 絵 ク ン 理 粒 子 ズ 味 び 化 石
陶 ラ タ 影 プ り 画 学 自 ャ り 陶 陶 動
り 興 ハ 動 ズ 猟 陶 物 然 グ エ 絵 り 釣
プ 味 ン 生 物 興 ジ ゲ シ び 真 リ キ 研
陶 書 ミ み 味 り 分 子 キ ラ ク ジ 撮 究
読 ゼ ネ 書 実 験 ャ パ 編 ク 釣 シ 法 室
猟 法 ラ 味 活 び ジ ジ 写 パ 読 原 方 法
ダ 物 ル 物 ム 書 リ 書 法 グ ダ シ 子 写
写 植 物 み シ 編 エ ハ 影 び 釣 み 味 釣
```

原子  
化学薬品  
気候  
データ  
進化  
実験  
事実  
化石  
重力  
仮説  

研究室  
方法  
ミネラル  
分子  
自然  
生物  
粒子  
物理学  
植物  
科学者

# 38 - To Fill

```
絵動興ポス花一法品キみグファル
味真キケ興一瓶一影バッグォル
リチ園ッ封筒ツ物ラ狩影狩ルエ
猟ュボトル狩撮ケパケットダ編
カートン陶書園真ープ箱クプ撮
狩ブ活引ルクレートス撮猟法影
ン絵ダき陶物プハ魔ゲプレダグ
動エエ出影り動陶芸浴槽瓶陶ゼ
バケツしリバスケット編ダ活狩
リ編び興喜活ム編グ容器りエイ
真りキ魔み撮ル真釣バプ狩狩
編ジク絵り魔ートプレク画びり
ンイグ画法リ猟陶レル魔ハルャ
ムハ影ムり芸ンハ園イキ釣ハハ
```

バッグ
バレル
バスケット
ボトル
バケツ
カートン
クレート
引き出し
封筒

フォルダ
パケット
ポケット
スーツケース
トレイ
浴槽
チューブ
花瓶
容器

# 39 - Summer

```
リ猟シエ園イリハびズラャび読
品ラ食ベレ編真ゼー品ムイ真
撮画クイジ物ダルハ庭写ープ
みりレゼビャシパ影ゼ絵書イ
パジ興パー編ダ喜読家読籍ズ
狩ジキ真チ味イ味ラ活園エリ
猟グ撮画ムゲョビ書リ絵撮味狩
ム撮りリャーリンサンダルジ動
狩ク味キズム読グ思い出編味物
ンレりゃパ園パ音楽真ク喜物ル
喜興魔ン旅行ズダ陶ー活シびゲ
イレイプ活友イー撮クラハズエ
ル家ーズャ達猟画キみ活ームダ
芸プ族イ海レ撮ム休暇星編ル釣
```

ビーチ　　　　　　　　喜び  
書籍　　　　　　　　　レジャー  
キャンプ　　　　　　　思い出  
ダイビング　　　　　　音楽  
家族　　　　　　　　　リラクゼーション  
食べ物　　　　　　　　サンダル  
友達　　　　　　　　　旅行  
ゲーム　　　　　　　　休暇

# 40 - Clothes

```
フ ブ シ ャ ツ り 書 ジ 絵 パ 帽 興 ブ ル
ァ 絵 ラ 興 シ 興 写 り 喜 ン 法 子 レ キ
ッ 猟 ハ ウ 撮 手 書 画 ゲ ツ 魔 物 ス ル
シ ル 味 キ ス ー 袋 セ ー タ ー 陶 レ ジ
ョ 編 陶 り カ 興 ャ 狩 ャ 興 ジ ッ ク
ン ク ー 芸 ー ン ゼ シ リ 物 コ ー ト ベ
読 真 ゲ 品 フ ジ 編 シ 画 ー サ ン ダ ル
真 び ジ ュ エ リ ー ゼ び ゲ ー ズ 魔 ト
ラ 物 ゼ ゲ プ レ ゼ 活 ゲ グ リ 写 ク 興
猟 読 魔 物 ロ 味 狩 ド ハ り ー 編 影 ジ
シ 園 写 写 ン 釣 味 レ 芸 法 ゼ 編 陶 ャ
パ ジ ャ マ イ グ ジ ス ク 靴 書 写 ゼ ケ
ラ 絵 パ グ ダ 読 ズ エ イ り ル ラ ー ッ
魔 動 シ ャ ダ 釣 ゲ キ 影 喜 ス カ ー ト
```

エプロン  
ベルト  
ブラウス  
ブレスレット  
コート  
ドレス  
ファッション  
手袋  
帽子  
ジャケット  
ジーンズ  
ジュエリー  
パジャマ  
パンツ  
サンダル  
スカーフ  
シャツ  
スカート  
セーター

# 41 - Insects

| ゴ | り | 読 | 活 | 書 | バ | ッ | タ | ス | ク | ム | ハ | 活 | て |
|---|---|---|---|---|---|---|---|---|---|---|---|---|---|
| キ | ダ | プ | 動 | 魔 | 甲 | 虫 | 釣 | ラ | ズ | ム | 書 | み | ん |
| ブ | ト | ン | ボ | ノ | び | 撮 | り | キ | 魔 | メ | 蝶 | 園 | と |
| リ | 影 | 法 | 動 | 園 | ミ | 猟 | プ | 品 | 書 | ジ | バ | 幼 | う |
| ダ | シ | 味 | リ | 興 | 興 | ダ | レ | 芸 | み | 活 | ゲ | チ | 虫 |
| 陶 | 猟 | ゼ | ー | 魔 | グ | 魔 | ク | ズ | 蝉 | ズ | 魔 | 絵 | 味 |
| シ | グ | リ | イ | ク | ラ | 書 | 活 | 品 | 狩 | イ | キ | 狩 | イ |
| 狩 | 蟻 | キ | ナ | ジ | エ | 陶 | 編 | 魔 | キ | 法 | 品 | キ | キ |
| ズ | ズ | レ | ゴ | リ | 撮 | ム | 魔 | ズ | 狩 | シ | ダ | カ | 釣 |
| ジ | ダ | 魔 | ゼ | プ | ワ | 写 | キ | ラ | 読 | 品 | パ | マ | 物 |
| 園 | 画 | 真 | プ | キ | ー | 狩 | ジ | ャ | 読 | リ | ン | キ | キ |
| イ | 釣 | ア | ブ | ラ | ム | シ | 画 | キ | シ | ロ | ア | リ | 蛾 |
| 狩 | ジ | ゼ | 品 | パ | ゲ | 物 | 書 | 読 | 魔 | ラ | リ | 陶 | ン |
| 芸 | 法 | 活 | 蚊 | 動 | み | ャ | 法 | 味 | 蜂 | 喜 | ゼ | 法 | 陶 |

アブラムシ  
甲虫  
ゴキブリ  
トンボ  
ノミ  
バッタ  
てんとう虫  

幼虫  
イナゴ  
カマキリ  
シロアリ  
スズメバチ  
ワーム

# 42 - Astronomy

```
星写喜ゲシ芸ンズゾパ陶画写釣
雲宇宙飛行士ャ画デグ動リラ影
影プ動ジイプ活影ィり撮グイ書
レりみャ喜クグ物ア品猟編ゼー
動み真グロケットッレキキ喜ク
品画流品超新星座ク銀食読プ陶
ーみ星ンル地太釣空河び画喜芸
エシラ画月球陽品レ法味ジン小
ン興動動芸ダ園プ魔ンズ読書惑
放ズ陶ダ法春園絵真編ム影衛星
射物ンープ分ムジハ天文学者み
線エレ喜動絵り編リ文絵読画キ
画りり惑ーン物クリ台釣ズ読物
真写猟星ラびン活編ダ物画りプ
```

小惑星  
宇宙飛行士  
天文学者  
星座  
地球  
春分  
銀河  
流星  
星雲  

天文台  
惑星  
放射線  
ロケット  
衛星  
太陽  
超新星  
ゾディアック

# 43 - Pirates

```
島猟シ魔ゴ影興ジ法みハ興芸コ
宝クーグーク真悪い傷跡コインン
ぜり魔釣ル活読一動パ危冒ラパ
洞窟影ルドびルイり撮伝険活ス
編撮興リ園法クン芸法品説一猟
釣パ撮ハ画キズムレ書ジラみズ
喜撮みキシー真剣シシキ書ク
り書撮画ズ味興味キキ興撮グ読
法ラパ読ゼズび品ム魔ジムン陶
みジ味キー喜ャオみ猟パシ影狩
キビムャ撮画キウゲジム画喜ハ
ムーャプャクラム酒芸プ物陶ャ
地チ興テハルム旗ク狩み芸ラ工
図ーアンカー品プジプみ喜猟猟
```

冒険　　　　　クルー
アンカー　　　危険
悪い　　　　　ゴールド
ビーチ　　　　伝説
キャプテン　　地図
洞窟　　　　　オウム
コイン　　　　ラム酒
コンパス　　　傷跡

# 44 - Time

| 魔 | 品 | 年 | ゼ | ジ | 猟 | 写 | 味 | 未 | 十 | エ | カ | ン | 狩 |
|---|---|---|---|---|---|---|---|---|---|---|---|---|---|
| 撮 | ク | ズ | ー | ラ | 味 | 真 | 影 | 来 | 通 | 年 | レ | ゲ | 興 |
| ャ | ン | 夜 | 法 | 園 | ズ | 法 | 絵 | 園 | ゲ | ン | ゃ | 物 |
| ズ | 画 | ー | ダ | 品 | 喜 | プ | ー | 画 | 早 | ラ | ダ | ダ | ゲ |
| 猟 | み | ム | 園 | 園 | 動 | 園 | ゼ | パ | い | み | ー | 動 | 編 |
| み | 魔 | す | ぐ | 撮 | パ | キ | び | 影 | ム | 品 | 陶 | 時 |
| 芸 | 活 | 撮 | ゲ | リ | 法 | ゼ | 喜 | 読 | ー | 書 | ゲ | 間 |
| 釣 | 釣 | り | ー | ラ | ン | 撮 | り | 絵 | び | 絵 | レ | 動 | り |
| 釣 | ズ | 芸 | 猟 | ラ | 釣 | ハ | 品 | 園 | 魔 | 真 | 狩 | ー | ズ |
| 撮 | リ | 週 | 法 | 時 | ダ | 写 | 狩 | み | 喜 | み | 猟 | び | 釣 |
| 猟 | パ | 味 | 品 | 計 | 前 | ゃ | 撮 | 読 | ム | 写 | ラ | ラ | イ |
| 園 | 法 | 書 | 朝 | 月 | 今 | 世 | 紀 | ゃ | 書 | 絵 | ジ | 味 | 撮 |
| 読 | み | 撮 | 芸 | 昼 | 日 | 猟 | ル | レ | 撮 | 味 | り | 画 | 絵 |
| 分 | 画 | パ | レ | 写 | エ | 物 | ゼ | 物 | ゼ | 芸 | び | ク | シ |

通年　　　　　　　　　早い
カレンダー　　　　　　未来
世紀　　　　　　　　　時間
時計　　　　　　　　　すぐ
十年　　　　　　　　　今日

# 45 - Buildings

```
興 ホ リ 法 ン ジ 活 絵 ス ゼ キ 編 城 研
園 グ テ グ ル レ パ ー ル グ ラ ム 究
プ 絵 ン ル ル び 読 魔 パ ー ゼ 喜 ジ 室
ム 真 ト 影 絵 ム 活 大 ー 狩 狩 ク ラ グ
リ 撮 天 ャ ラ 狩 法 使 マ 園 ダ 写 動 工
ダ み 文 動 園 博 物 館 ー 釣 喜 釣 写 場
ハ ア 台 ゲ 活 グ リ 動 ケ 編 興 品 シ び
書 パ 大 狩 シ り ゼ ン ッ ス 工 書 び ル
猟 ー 学 校 ネ ゼ ク 納 ト 喜 タ ン 物 陶
品 ト 撮 り マ 劇 場 屋 ン シ 芸 ジ 真 レ
魔 グ ホ ス テ ル 画 パ キ イ ク タ ア 狩
陶 ハ 喜 ジ リ み ラ キャ ビ ン ワ ダ ム
ム 病 ク イ グ イ ム ダ 芸 園 読 ー ゲ 撮
書 芸 院 レ 影 写 写 ム ズ 興 ン 影 狩 味
```

アパート  
納屋  
キャビン  
シネマ  
大使館  
工場  
病院  
ホステル  
ホテル  
研究室  

博物館  
天文台  
学校  
スタジアム  
スーパーマーケット  
テント  
劇場  
タワー  
大学

# 46 - Herbalism

```
タ 魔 絵 ゲ キ イ ゼ 真 ラ エ 喜 釣 グ 喜
ラ ベ ン ダ ー オ パ ズ り 庭 味 写 絵 み
ゴ 芸 ー エ 法 レ レ 書 陶 ラ 活 プ 興 び
ン 編 ミ ン ト ガ 動 ラ ン ゲ り シ パ 品
レ ゲ 真 グ ゼ ノ 編 読 真 バ ル 撮 緑 狩
猟 リ ハ フ ェ ン ネ ル マ ー ジ ョ ラ ム
釣 興 絵 植 物 興 味 ズ 喜 リ ャ ル ゲ 興
撮 サ 芳 香 族 味 有 撮 ル 撮 ク ダ 興 ズ
ー レ フ 動 料 猟 益 ハ ジ ハ 花 グ シ 芸
ム 動 ー ラ 理 レ 法 画 ジ 法 パ 撮 ク イ
法 シ イ 影 ン グ 影 活 ゼ 読 み ラ 魔 レ
パ シ 動 釣 ル ン レ 物 喜 写 釣 芸 芸 プ
エ 芸 ー 園 撮 ル リ リ 喜 キ 法 ー 成 分
ニ ン ニ ク 法 ロ ー ズ マ リ ー パ セ リ
```

芳香族　　　　　　　マージョラム
バジル　　　　　　　ミント
有益　　　　　　　　オレガノ
料理　　　　　　　　パセリ
フェンネル　　　　　植物
ニンニク　　　　　　ローズマリー
成分　　　　　　　　サフラン
ラベンダー　　　　　タラゴン

# 47 - Toys

飛行機
ボール
自転車
ボート
書籍
チェス
粘土
工芸品
クレヨン

人形
ドラム
お気に入り
ゲーム
想像力
パズル
ロボット
列車
トラック

# 48 - Vehicles

| ク | バ | ー | 園 | タ | 魔 | 潜 | 動 | ル | 地 | 下 | 鉄 | い | プ |
|---|---|---|---|---|---|---|---|---|---|---|---|---|---|
| 絵 | ス | ジ | 陶 | ク | 書 | 水 | ト | 喜 | ム | ハ | 狩 | か | 救 |
| り | シ | 読 | 釣 | シ | モ | 艦 | ダ | ラ | ス | ル | び | だ | 急 |
| 写 | フ | ェ | リ | ー | 一 | 真 | ト | 絵 | ク | タ | イ | ヤ | 車 |
| シ | ー | 興 | グ | プ | タ | 動 | ラ | キ | ー | タ | シ | レ | ゼ |
| エ | 読 | ジ | ヘ | ボ | ー | ト | ッ | ャ | タ | ゲ | ー | ル | 動 |
| 写 | ン | イ | レ | リ | ジ | 物 | ク | ラ | ー | り | パ | 味 | リ |
| 狩 | 撮 | ジ | ハ | ャ | コ | ゲ | キ | バ | ー | 自 | 転 | 車 | プ |
| 魔 | 法 | ク | ン | 喜 | 編 | プ | 魔 | ン | ハ | 味 | ン | 画 | ダ |
| ム | 味 | ズ | ク | 園 | ル | レ | タ | 喜 | ダ | 釣 | 芸 | 狩 | ズ |
| 撮 | イ | キ | 編 | 写 | ラ | 書 | 飛 | ー | 編 | 絵 | 喜 | ク | 画 |
| 書 | シ | エ | 喜 | エ | ン | 猟 | 行 | ジ | ジ | 陶 | イ | レ | 影 |
| 動 | ダ | 撮 | 釣 | プ | パ | 興 | 機 | 品 | 陶 | キ | プ | レ | 読 |
| び | 陶 | 喜 | 写 | 写 | 真 | ロ | ケ | ッ | ト | ル | り | 興 | 法 |

飛行機
救急車
自転車
ボート
バス
キャラバン
エンジン
フェリー
ヘリコプター
モーター

いかだ
ロケット
スクーター
潜水艦
地下鉄
タクシー
タイヤ
トラクター
トラック

# 49 - Flowers

```
品 デ ク 動 画 読 釣 編 影 物 エ 花 釣 ジ
ラ イ ラ ッ ク ル 園 ラ ベ ン ダ ー 弁 ャ
キ ジ プ ル メ リ ア 撮 釣 ル 品 喜 プ ス
画 ー 読 物 ゲ び ズ び ャ シ プ 編 狩 ミ
釣 興 ハ 絵 影 イ グ プ 花 束 物 陶 園 ン
タ 活 イ ン 動 動 ル 牡 喜 キ ク チ ナ シ
ン 釣 ビ パ ル エ ズ パ 丹 り ロ イ 真 読
ポ キ ス 興 猟 蘭 み 狩 法 パ ー レ 読 ハ
ポ ク カ ズ 魔 ン シ ク り 読 バ 興 釣 影
ピ ゼ ス 動 動 ク り 法 釣 マ ー 百 合 狩
ー 法 ム ム 写 ム キ ャ 画 ズ グ 物 狩 品
猟 ク 園 ャ イ 品 喜 ラ ル 編 イ ノ リ 狩
ひ ま わ り 陶 ャ 猟 イ レ 芸 活 物 リ 芸
チ ュ ー リ ッ プ ト ケ イ ソ ウ シ 動 ア
```

花束  
クローバー  
デイジー  
タンポポ  
クチナシ  
ハイビスカス  
ジャスミン  
ラベンダー  
ライラック  

百合  
マグノリア  
トケイソウ  
牡丹  
花弁  
プルメリア  
ポピー  
ひまわり  
チューリップ

# 50 - Town

| | | | | | | | | | | | |
|---|---|---|---|---|---|---|---|---|---|---|---|
|グ|ズ|銀|み|動|ス|書|影|動|ベ|ー|カ|リ|ー|
|撮|ル|行|シ|リ|タ|図|書|館|び|動|物|園|品|
|陶|ク|パ|味|大|ジ|ゲ|イ|パ|イ|撮|喜|影|味|
|物|ル|真|キ|学|ア|喜|み|ン|喜|り|動|ャ|書|
|キ|ジ|リ|釣|猟|ム|品|ハ|ン|釣|ラ|リ|ル|興|
|ジ|法|ム|釣|プ|味|ャ|喜|編|ー|書|診|療|所|
|り|画|ャ|画|ダ|動|書|プ|書|書|狩|写|味|み|
|ラ|物|園|絵|ダ|ジ|物|ル|レ|品|書|真|味|エ|
|編|ゼ|陶|み|釣|動|ゼ|影|薬|プ|真|読|グ|動|
|品|ギ|ラ|物|エ|ラ|ズ|真|局|花|芸|ラ|画|プ|
|り|ャ|博|撮|市|ー|イ|ン|読|屋|喜|興|み|撮|
|レ|ラ|シ|物|場|学|書|書|劇|空|港|喜|店|書|
|狩|リ|興|ネ|館|物|校|店|場|ホ|テ|ル|エ|狩|
|ス|ー|パ|ー|マ|ー|ケ|ッ|ト|絵|影|ク|物|ム|

空港　　　　　　　　　　市場
ベーカリー　　　　　　　博物館
銀行　　　　　　　　　　薬局
書店　　　　　　　　　　学校
シネマ　　　　　　　　　スタジアム
診療所　　　　　　　　　スーパーマーケット
花屋　　　　　　　　　　劇場
ギャラリー　　　　　　　大学
ホテル　　　　　　　　　動物園
図書館

# 51 - Antarctica

ベイ
保全
大陸
入り江
環境
遠征
地理
氷河

移行
半島
研究者
ロッキー
科学的
温度
地形

# 52 - Ballet

```
スタイルりエ喜書リハーサル絵
ーグ物ー書法真ズパ活ゼ物ジ
キジ読ク喜読ジ影ム編シみリャ
猟プ園工物強魔ゲ狩ンリグ陶物
ジズ品芸シ度絵魔クゼイー練撮
ェーハ読り読パオーケストラ習
ス活動イパ動みム法狩キ園シエ
チク絵表バレリーナル拍手パ
ャダキイ現魔りソダンサー物書
ーラン動力影音ロ魔ズエ真活物
グ書シ芸豊筋楽レッスン撮パ
法び技術かレ肉作曲家振り付け
ダグ真的なパ猟絵陶味エズ読釣
編猟プ猟撮ゼ喜真び釣法ダ魔写
```

| | |
|---|---|
| 拍手 | 筋肉 |
| 芸術的 | 音楽 |
| バレリーナ | オーケストラ |
| 振り付け | 練習 |
| 作曲家 | リハーサル |
| ダンサー | リズム |
| 表現力豊かな | スキル |
| ジェスチャー | ソロ |
| 強度 | スタイル |
| レッスン | 技術 |

# 53 - Human Body

| | | | | | | | | | | | |
|---|---|---|---|---|---|---|---|---|---|---|---|
| 猟 | グ | り | ム | 画 | ン | 動 | 画 | び | 猟 | 書 | 撮 | 釣 | ャ |
| 真 | シ | リ | ン | 真 | ズ | ハ | 真 | 耳 | 真 | 法 | ゲ | ズ | 活 |
| 撮 | 骨 | 鼻 | リ | 猟 | 猟 | 撮 | 口 | 書 | エ | グ | 狩 | 陶 |
| 法 | キ | 肘 | ン | 編 | 法 | 絵 | ン | 膝 | ン | キ | 足 | キ | ム |
| イ | 法 | グ | 園 | ン | 芸 | 撮 | み | 絵 | 動 | ズ | 首 | 血 | ャ |
| 釣 | 撮 | ー | 活 | 狩 | 活 | 園 | 書 | 猟 | 喜 | 芸 | 狩 | 画 | 影 |
| 読 | ャ | キ | み | シ | 唇 | 喜 | ラ | 園 | 心 | 臓 | 編 | び | ダ |
| ン | 顎 | 法 | 撮 | イ | 真 | 喜 | ン | び | ク | 指 | び | 喜 | り |
| 絵 | 法 | ャ | 画 | 芸 | 書 | 魔 | 味 | び | 画 | ー | 釣 | 絵 | 興 |
| プ | び | キ | プ | 読 | ダ | み | 喜 | ム | 園 | 頭 | 魔 | 興 | 真 |
| 活 | キ | 法 | 写 | ラ | プ | 影 | 園 | 書 | 芸 | プ | び | 興 | 書 |
| 肩 | ゲ | ハ | ハ | り | 猟 | 影 | シ | 画 | り | 撮 | ズ | リ | 物 |
| 影 | ル | 釣 | 写 | キ | 絵 | 品 | 魔 | 狩 | 芸 | ク | 園 | エ | 顔 |
| 読 | 肌 | プ | 手 | 脳 | ダ | 法 | ラ | り | イ | 首 | ゲ | ダ | ハ |

足首     心臓

# 54 - Musical Instruments

```
陶 一 パ ダ ト タ 編 ク 編 絵 ド ハ ハ 魔
品 写 編 レ ロ ン リ エ シ オ ラ リ ク 影
マ リ ン バ ン バ ン ジ ョ ー ム チ ジ グ
ン キ ハ 芸 ボ リ 絵 ト 写 ボ 書 ャ ェ び
ド 芸 画 撮 一 ン 写 ラ シ エ 編 イ 読 ロ
リ 撮 真 ゴ ン グ レ 芸 シ ギ イ ャ 動
ン イ キ サ ッ ク ス ペ ズ ラ 味 タ パ グ
フ ァ ゴ ッ ト ラ ゲ ッ 狩 ハ 園 魔 一 編
編 ャ バ イ オ リ ン ト 喜 一 び 園 カ ゲ
パ フ ル ー ト ネ 撮 ジ グ プ リ 猟 ッ ゼ
釣 キ キ イ 編 ッ ー び 編 み シ 法 シ ム
ピ り 写 ダ 絵 ト 味 真 ゲ 陶 品 真 ョ 狩
ン ア リ ム 釣 一 興 興 喜 興 レ ズ ン 画
狩 品 ノ 書 リ キ び ゼ ゼ ズ 芸 猟 ャ ジ
```

バンジョー　　　　　　　マンドリン
ファゴット　　　　　　　マリンバ
チェロ　　　　　　　　　オーボエ
チャイム　　　　　　　　パーカッション
クラリネット　　　　　　ピアノ
ドラム　　　　　　　　　サックス
フルート　　　　　　　　タンバリン
ゴング　　　　　　　　　トロンボーン
ギター　　　　　　　　　トランペット
ハープ　　　　　　　　　バイオリン

# 55 - Cooking Tools

| ス | パ | チ | ュ | ラ | ム | 写 | 真 | 影 | み | 品 | 温 | ザ | ル |
|---|---|---|---|---|---|---|---|---|---|---|---|---|---|
| オ | ー | ブ | ン | 釣 | 蓋 | 芸 | カ | は | さ | み | 度 | 味 | ブ |
| フ | ズ | シ | 影 | グ | 絵 | ケ | ト | ル | プ | ク | 計 | ャ | レ |
| 魔 | ォ | ル | 釣 | 編 | 芸 | ジ | ラ | 物 | お | ろ | し | 金 | ン |
| ラ | 物 | ー | エ | パ | 興 | 味 | リ | 興 | ゼ | 猟 | 狩 | 喜 | ダ |
| レ | ダ | ス | ク | ス | ト | レ | ー | ナ | ー | り | 冷 | 絵 | ー |
| 動 | ャ | ト | ダ | ズ | ー | 法 | ン | エ | ン | 影 | 蔵 | ナ | ゼ |
| 画 | 品 | ー | 画 | ン | ス | 読 | ン | 品 | ン | エ | イ | パ | 庫 |
| ク | ジ | ブ | 動 | 猟 | タ | 絵 | ゼ | 園 | グ | フ | パ | ル |
| 編 | 撮 | ュ | 影 | ラ | ー | ズ | 品 | り | り | ク | 猟 | 喜 | 猟 |
| ハ | パ | び | ー | ゲ | び | 読 | 物 | ー | レ | 味 | キ | 興 | 画 |
| ス | プ | ー | ン | サ | ゼ | 魔 | 物 | ル | 釣 | ズ | ル | 釣 | 読 |
| 猟 | ラ | イ | 真 | シ | ー | 写 | び | 読 | 陶 | 写 | キ | 編 | 法 |
| 魔 | ズ | 絵 | 物 | ム | 撮 | 興 | り | 動 | 画 | 釣 | グ | ズ | レ |

ブレンダー  
ザル  
カトラリー  
フォーク  
おろし金  
ジューサー  
ケトル  
ナイフ  
オーブン  

冷蔵庫  
はさみ  
スパチュラ  
スプーン  
ストーブ  
ストレーナー  
温度計  
トースター

# 56 - Fruit

```
バ ナ ナ コ 喜 シ ネ チ 興 猟 メ ズ 撮 画
画 真 ズ コ 芸 レ ク 法 ェ ベ ロ プ 園 写
グ イ 編 ナ レ リ タ 味 魔 リ ン 梨 葡 萄
ア マ み ッ ジ モ リ 釣 活 ー ー 味 撮 ダ
ッ ン グ 芸 品 ン ャ パ イ ナ ッ プ ル ク
プ ゴ 園 パ 陶 ン イ 真 パ チ 活 影 ン 撮
ル ー 動 ダ 物 影 キ ウ イ ジ グ ア バ 撮
絵 絵 喜 園 画 プ み 芸 ヤ ク 画 プ ル エ
パ グ リ 興 猟 写 ク 編 ラ ズ ベ ル 一 釣
釣 グ 魔 ズ 画 編 み イ 法 編 ハ コ 写 グ
撮 ン み 桃 興 影 編 ラ パ 画 猟 ッ シ シ
書 影 パ 魔 編 一 シ 動 興 興 ハ ト キ ラ
写 エ 物 陶 味 エ 猟 興 レ 編 パ リ ゼ リ
猟 物 狩 ジ 喜 ア ボ カ ド 園 ジ 影 撮 真
```

アップル　　　　　　グアバ
アプリコット　　　　キウイ
アボカド　　　　　　レモン
バナナ　　　　　　　マンゴー
ベリー　　　　　　　メロン
チェリー　　　　　　ネクタリン
ココナッツ　　　　　パパイヤ
イチジク　　　　　　パイナップル
葡萄　　　　　　　　ラズベリー

# 57 - Kitchen

```
猟 猟 ク ル ズ ク 釣 魔 真 キ 芸 り 編 猟
リ 絵 編 グ み ボ ム ケ ト ル 物 品 影 キ
芸 ラ ジ ル リ ウ 画 シ 物 画 ク リ ダ ー
品 猟 影 オ ラ ル ナ イ フ ゲ 画 活 ダ 陶
ジ シ レ 活 ー 書 プ ル キ 活 プ リ 猟 瓶
画 ハ び リ グ ブ キ プ レ 園 芸 園 品 園
エ プ ロ ン り プ ン ス プ ー ン 真 ダ 箸
影 ジ 動 ル エ 物 リ 物 写 活 ル 喜 園 味
絵 ス パ イ ス 水 ル ゼ 影 法 び 法 パ 画
ダ ポ ン 魔 キ 差 フ ォ ー ク 影 イ ズ り
読 ン エ 絵 り し イ レ ャ キ り 陶 興 グ
ダ ジ グ グ び 活 法 シ 写 冷 蔵 庫 ゲ 園
カ ッ プ み 猟 リ 物 ピ リ 書 凍 食 べ 物
パ 喜 み 味 芸 陶 ル 真 ク ジ 真 庫 ダ グ
```

エプロン　　　　　ナイフ
ボウル　　　　　　ナプキン
カップ　　　　　　オーブン
食べ物　　　　　　レシピ
フォーク　　　　　冷蔵庫
冷凍庫　　　　　　スパイス
グリル　　　　　　スポンジ
水差し　　　　　　スプーン
ケトル

# 58 - Art Supplies

| | | | | | | | | | | | |
|---|---|---|---|---|---|---|---|---|---|---|---|
| ラ | 興 | 読 | グ | ハ | 油 | プ | 編 | 品 | 物 | ズ | ラ | 陶 | ジ |
| プ | 書 | 創 | ズ | 芸 | 読 | 園 | ジ | カ | 影 | び | プ | ー |
| 法 | ゲ | 造 | ゼ | 喜 | ル | 魔 | リ | 喜 | メ | 園 | 塗 | ダ |
| ク | び | 性 | シ | イ | プ | 絵 | レ | ル | リ | ラ | 料 | プ |
| 魔 | レ | 写 | ン | 絵 | ム | 編 | 品 | 画 | 影 | 書 | 撮 | 喜 |
| み | イ | 写 | 興 | ー | ダ | パ | 撮 | 消 | し | ゴ | 写 | ル |
| ブ | ム | 撮 | 猟 | ダ | パ | プ | ダ | グ | イ | み | 画 | ャ |
| ラ | 影 | 写 | 釣 | ハ | グ | 品 | み | ア | ク | リ | ル | ダ | 読 |
| シ | 興 | 法 | テ | ア | 紙 | レ | ム | 粘 | 土 | の | り | ク | ン |
| 編 | 写 | り | ー | イ | 色 | 読 | イ | ズ | 撮 | リ | 読 | グ |
| 写 | ャ | 猟 | ブ | デ | ン | 味 | 炭 | ー | 味 | 椅 | 子 | ダ | プ |
| 陶 | ー | リ | ル | ア | 喜 | ク | キ | ゼ | び | 物 | 物 | 芸 | 法 |
| 興 | 釣 | パ | 画 | 興 | 陶 | プ | 真 | ル | 写 | シ | び | 編 | ダ |
| 動 | 影 | ハ | 水 | 彩 | 画 | 芸 | み | プ | ン | 写 | 鉛 | 筆 | 園 |

アクリル
ブラシ
カメラ
椅子
粘土
創造性
イーゼル
消しゴム

のり
アイデア
インク
塗料
鉛筆
テーブル
水彩画

# 59 - Science Fiction

```
虚 芸 ハ 陶 狩 興 惑 星 ユ ム 興 興 ン 撮
数 書 ゲ 喜 ア 世 界 り ー 神 興 ゲ ダ 活
り 火 喜 動 釣 ト 猟 活 ト 秘 ゲ 興 銀 河
撮 魔 ャ 書 リ り ミ 絵 ピ 的 シ ジ 写 読
撮 ズ 興 籍 味 喜 興 ッ ア な ネ 園 レ 絵
ン イ エ 味 魔 グ み ク ー マ プ ゲ み
ル リ リ 陶 陶 ゼ ル ズ ハ エ 狩 グ 真 ャ
爆 発 イ ュ 撮 猟 撮 編 編 り オ 法 画 び
素 書 ク ロ ー ン 化 学 薬 品 陶 ラ ク 陶
晴 園 品 ボ 園 ジ 未 来 的 み 釣 ク 芸
ら 活 び ッ 真 ム ョ 味 エ 法 技 ク ル
し ハ ダ ト パ 猟 狩 ン 品 編 ハ 喜 び ジ
い 動 書 エ ディ ス ト ピ ア プ ダ ゼ 活
興 猟 ダ 喜 興 写 猟 書 ハ リ 撮 ハ 活 ー
```

アトミック
書籍
化学薬品
シネマ
クローン
ディストピア
爆発
素晴らしい
未来的
銀河

イリュージョン
虚数
神秘的な
オラクル
惑星
ロボット
技術
ユートピア
世界

# 60 - Airplanes

| | | | | | | | | | | | | | |
|---|---|---|---|---|---|---|---|---|---|---|---|---|---|
| 味 | レ | エ | 活 | 乱 | 高 | プ | ク | 真 | 歴 | 高 | 絵 | 画 |
| 水 | ク | 芸 | パ | 流 | 法 | ロ | さ | み | 史 | 度 | 魔 | 味 |
| 素 | ル | ダ | 猟 | ラ | 法 | イ | 降 | 読 | ペ | 園 | ハ | ム |
| 撮 | ー | 真 | 写 | 法 | 撮 | ン | 下 | ゲ | ダ | ラ | 撮 | キ | 陶 |
| 写 | 活 | パ | ダ | キ | 着 | 書 | び | ハ | シ | 影 | イ | 燃 |
| ル | ク | イ | 撮 | ラ | 陸 | 編 | 園 | 絵 | キ | プ | シ | 料 |
| り | 建 | 設 | 釣 | ャ | 冒 | リ | ム | リ | バ | ー | ム | ク |
| ャ | レ | 計 | 絵 | リ | 険 | 興 | 空 | 園 | グ | 読 | ン | 画 |
| 動 | 法 | キ | ゲ | レ | パ | 空 | 気 | ゲ | レ | 釣 | シ | パ |
| 雰 | 囲 | 気 | ダ | 法 | 書 | ジ | ズ | 影 | 魔 | 真 | 興 | エ |
| ダ | ズ | 興 | ラ | 興 | 動 | 味 | キ | 活 | り | 画 | 活 | ハ |
| キ | 真 | 猟 | イ | ジ | 喜 | 絵 | ズ | 書 | 狩 | 釣 | レ | 喜 |
| パ | イ | ロ | ッ | ト | 旅 | 陶 | 読 | 味 | 芸 | び | パ | 興 |
| ン | ル | 品 | り | ン | 客 | ダ | ム | 園 | み | 法 | 狩 | イ |
| | | | | | | | | | | | | び |

冒険
空気
高度
雰囲気
バルーン
建設
クルー
降下
設計
エンジン

燃料
高さ
歴史
水素
着陸
旅客
パイロット
プロペラ
乱流

# 61 - Ocean

| | | | | | | | | | | | |
|---|---|---|---|---|---|---|---|---|---|---|---|
|プ|ー|魚|う|ゲ|キ|ン|書|パ|ゲ|活|ダ|み|園|
|活|編|シ|影|な|シ|園|書|た|み|ダ|写|ル|絵|
|リ|コ|味|イ|法|ぎ|ジ|エ|こ|動|キ|ス|読|園|
|釣|ー|ダ|み|ダ|ラ|編|影|ゼ|読|グ|ポ|品|ハ|
|ク|ラ|フ|キ|ク|陶|物|エ|ラ|ズ|ン|芸|イ|
|猟|ル|絵|み|絵|グ|ダ|芸|ク|エ|法|ジ|鯨|ゼ|
|撮|り|写|み|り|ズ|カ|キ|芸|み|ー|潮|狩|画|
|釣|編|ム|画|法|動|興|読|リ|み|プ|汐|び|ャ|
|物|ハ|ズ|味|影|真|釣|活|撮|ゼ|ゲ|画|釣|レ|
|釣|ゲ|び|り|パ|ク|喜|園|動|ゲ|嵐|レ|レ|陶|
|味|釣|写|狩|魔|興|イ|ル|カ|魔|ゼ|書|活|法|
|ツ|ナ|喜|ジ|エ|絵|み|み|キ|海|カ|塩|活|園|
|狩|品|レ|陶|グ|り|ズ|釣|エ|藻|ニ|ム|エビ|
|み|り|品|ク|ラ|ゲ|鮫|カ|メ|ジ|喜|撮|動|み|

コーラル  リーフ
カニ  海藻
イルカ  エビ
うなぎ  スポンジ
クラゲ  潮汐
たこ  ツナ
カキ  カメ

# 62 - Birds

| | | | | | | | | | | | |
|---|---|---|---|---|---|---|---|---|---|---|---|
| び | エ | ゼ | レ | カ | ガ | チョウ | リ | ハ | 写 | り | ラ |
| 喜 | ハ | 品 | レ | ナ | ッ | 物 | ジ | シ | ゲ | レ | グ | ズ | 撮 |
| ゲ | 魔 | キ | 園 | リ | ー | コ | 狩 | ー | ラ | グ | エ | み | コ |
| 真 | オ | ダ | 法 | ア | ス | り | ウ | ラ | 写 | ダ | チョ | ウ |
| ハ | オ | ウ | 園 | 陶 | ズ | ハ | エ | 狩 | エ | プ | パ | 陶 | ノ |
| 読 | ハ | 猟 | ム | 味 | メ | 味 | ダ | ー | ク | 味 | 孔 | 雀 | ト |
| 物 | シ | リ | ダ | ク | ク | ム | ー | 写 | 魔 | ズ | ペ | 猟 | リ |
| ム | 鳩 | サ | リ | り | り | ジ | エ | フ | チ | キ | ン | 読 | 写 |
| ム | 陶 | ギ | カ | エ | 読 | 釣 | 味 | り | ラ | 猟 | ギ | 興 | 撮 |
| 絵 | ー | ハ | ラ | グ | 陶 | 撮 | 活 | 興 | 狩 | ミ | ン | 鷲 | イ |
| 影 | キ | 興 | ス | パ | ゲ | 法 | 興 | ペ | リ | カ | ン | 品 | レ |
| エ | 読 | ゲ | ー | 魔 | 魔 | 園 | 園 | 動 | 白 | ラ | 猟 | ゴ | 絵 |
| ア | ヒ | ル | 書 | ズ | ラ | ラ | 味 | キ | 鳥 | プ | 喜 | み | 釣 |
| プ | 撮 | 興 | ラ | り | 法 | ム | 物 | 魔 | 動 | ン | ル | 卵 | ゲ |

カナリア  
チキン  
カラス  
カッコウ  
アヒル  
フラミンゴ  
ガチョウ  
サギ  
ダチョウ  

オウム  
孔雀  
ペリカン  
ペンギン  
スズメ  
コウノトリ  
白鳥  
オオハシ

# 63 - Art

```
編興絵写読陶味プみシ描くパ作
表撮イ画気分ムリ読ー真シ構成
画現ンセラミックパ喜ジー正直
猟ース喜ビグパリ物シンボルム
ャ物パレジ画レ猟品ルル陶キリ
味読イシュルレアリスムエエ味
ラ法ヤ品アムルハイシ品個活ム
ンルさ画ルエク読影工喜グ人り
繁雑れ読み園び写撮画パレエ的
魔影たル件釣園ゼ品エエ狩ハ狩
パ影活猟名ルラ魔プゼハグ法影
絵ク彫オリジナルキ写画物詩園
狩エ刻興プび読ジ読物活ジび読
狩写ジびシル真品猟品ダ味ダ編
```

セラミック　　　　　絵画
繁雑　　　　　　　　個人的
構成　　　　　　　　描く
作成　　　　　　　　彫刻
表現　　　　　　　　件名
正直　　　　　　　　シュルレアリスム
インスパイヤされた　シンボル
気分　　　　　　　　ビジュアル
オリジナル

# 64 - Nutrition

食欲
バランス
苦い
カロリー
炭水化物
ダイエット
消化
食用
発酵
習慣

健康
元気
栄養素
タンパク質
品質
ソース
毒素
ビタミン
重さ

# 65 - Hiking

```
芸ャ準ゼゼ疲ジ狩ーラ公みキ真
園喜備ハ芸れ画影芸園園書ク品
キズ書ム影た園自影グャ園キプ
猟み活イ品園味然撮書ャ地崖動
画魔重い野生ン工興陶工図ル物
水ルハレラ活陶ガイドャグ絵キ
クエ釣ンーー絵リジ画ムラゼャ
オリエンテーションハダりゼン
エ釣グジ読法ンャ編山法み編プ
気候みルーサミットラ真蚊み物
魔ブクーりイシ読猟び書太陽ル
活ムー法活クびゼキン編工動パ
画陶ハツャび活釣ル絵絵石動
パゼパムゼ品釣芸法工読編読
```

動物　　　　　　　　オリエンテーション
ブーツ　　　　　　　公園
キャンプ　　　　　　準備
気候　　　　　　　　サミット
ガイド　　　　　　　太陽
重い　　　　　　　　疲れた
地図　　　　　　　　野生
自然

# 66 - Professions #1

```
心 び 大 コ 狩 芸 陶 り ハ ピ ア ニ ス ト
園 理 使 影 一 品 ラ ク レ ン 動 ク び び
天 文 学 者 編 チ ハ レ ゲ 品 タ テ 撮 グ
狩 編 集 者 ダ ジ レ ラ イ 園 看 一 活 法
レ ン 釣 宝 石 商 園 絵 シ 陶 護 ラ 音 編
法 シ ゼ ゲ 書 撮 み 釣 興 写 婦 一 楽 猟
魔 芸 芸 パ ラ 物 ゼ ラ 編 写 銀 行 家 狩
一 び ラ 一 活 ラ 写 狩 陶 釣 釣 キ 画 ラ
撮 り 配 み 猟 ャ り 猟 真 リ 園 興 獣 イ
釣 ゲ 管 パ セ 絵 り ジ び 品 読 エ 医 園
レ 撮 エ レ 一 地 質 学 者 物 キ 物 者 エ
ム プ 踊 興 ラ ル ダ 法 猟 興 猟 イ ク 魔
読 物 り ズ 一 レ 画 ハ 弁 護 士 魔 猟 ゼ
絵 シ 子 地 図 製 作 者 興 ャ 物 物 ラ 真
```

大使  
天文学者  
弁護士  
銀行家  
地図製作者  
コーチ  
踊り子  
医者  
編集者  
地質学者  

ハンター  
宝石商  
音楽家  
看護婦  
ピアニスト  
配管工  
心理学者  
セーラー  
テーラー  
獣医

# 67 - Dinosaurs

| | | | | | | | | | | | |
|---|---|---|---|---|---|---|---|---|---|---|---|
|ル|強|サ|読|ズ|ャ|撮|園|ジ|ン|草|化|ル|ハ|
|物|力|味|イ|ズ|失|踪|爬|ハ|ハ|食|石|写|書|
|ン|な|編|撮|ズ|味|ズ|虫|編|釣|動|り|陶|編|
|肉|食|動|物|ハ|芸|読|類|陶|芸|物|芸|動|動|
|シ|芸|先|史|時|代|書|品|ン|キ|パ|み|味|び|
|ラ|プ|タ|ー|レ|尾|撮|獲|ル|巨|園|味|撮|み|
|イ|画|法|動|園|レ|雑|物|影|魔|大|ル|ダ|翼|
|リ|ク|グ|ハ|ム|パ|食|ム|地|工|物|な|活|読|
|狩|マ|写|画|り|大|き|い|球|種|動|猟|真|園|
|法|ン|動|絵|陶|ジ|真|猟|園|活|ズ|レ|芸|レ|
|ダ|モ|ズ|読|物|シ|イ|ダ|書|味|品|リ|撮|法|
|ゼ|ス|ゼ|ラ|真|ム|プ|動|シ|ダ|工|釣|パ|絵|
|画|読|猟|ム|ゲ|ク|ル|り|ダ|進|化|ル|喜|真|
|喜|キ|味|興|芸|パ|真|ハ|ラ|撮|猟|イ|り|味|

肉食動物  
失踪  
地球  
巨大な  
進化  
化石  
草食動物  
大きい  

マンモス  
雑食  
強力な  
先史時代  
獲物  
ラプター  
爬虫類  
サイズ

# 68 - Barbecues

```
ン 魔 編 り 法 ク パ 読 ホ ッ ト マ ト ゼ
リ ゼ 活 写 子 撮 園 画 夕 食 べ 物 狩 真
み 味 ズ 書 供 ハ 法 魔 狩 シ ジ 興 撮 キ
リ イ ラ 動 達 レ 影 ラ 撮 ハ 法 塩 ル 味
イ 音 り リ チ 陶 編 フ 写 書 園 狩 パ 品
狩 工 楽 ダ キ 読 絵 ォ 品 真 シ ハ シ ル
キ ジ 撮 ソ ン 写 び ー 書 興 ゼ 芸 ズ ゼ
ナ イ フ ル ー ツ ハ ク ク ム 写 ゲ 飢 友
夏 サ ラ ダ 写 ス 読 物 園 ジ プ シ 餓 達
編 ズ ム 家 読 野 釣 み 絵 イ 猟 グ み グ
ゲ シ ゲ 園 族 菜 パ 書 活 読 猟 絵 ー リ
ー 狩 影 グ 編 ク 読 活 ー パ ル グ リ ル
ム 園 ダ ズ 狩 動 ダ 狩 味 イ 編 陶 イ プ
園 リ 読 ゼ 物 味 芸 猟 読 ン ャ プ ム ゲ
```

| | |
|---|---|
| チキン | グリル |
| 子供達 | ホット |
| 夕食 | 飢餓 |
| 家族 | ナイフ |
| 食べ物 | 音楽 |
| フォーク | サラダ |
| 友達 | ソース |
| フルーツ | トマト |
| ゲーム | 野菜 |

# 69 - Surfing

| リ | プ | 芸 | 味 | 魔 | 書 | 一 | 初 | 心 | 者 | 速 | 真 | ハ | ダ |
|---|---|---|---|---|---|---|---|---|---|---|---|---|---|
| ー | 撮 | ゼ | み | 胃 | 品 | 法 | ャ | り | 品 | 魔 | 度 | ゼ | 魔 |
| フ | ア | ス | リ | ー | ト | 釣 | ゼ | ク | 撮 | 釣 | 工 | 編 | レ |
| 影 | 泡 | 動 | プ | 品 | リ | び | み | ゲ | 強 | 物 | ム | 群 | 衆 |
| 人 | 気 | の | 撮 | レ | ズ | 動 | 影 | 物 | リ | さ | エ | ジ | グ |
| 書 | 園 | ズ | 動 | ビ | ー | チ | 編 | 園 | 撮 | ゼ | 書 | 陶 | エ |
| 影 | 一 | 真 | パ | 芸 | 魔 | 品 | 物 | ャ | 真 | チ | 絵 | 一 | 味 |
| ラ | 狩 | 影 | ク | ズ | 写 | キ | び | 陶 | 活 | チ | ャ | グ | 陶 | 真 |
| 真 | 味 | び | エ | パ | 魔 | 品 | ハ | レ | イ | ン | 天 | 陶 | 品 |
| 魔 | リ | 撮 | 魔 | み | み | グ | キ | ー | ン | ピ | 気 | ャ | 魔 |
| 波 | 喜 | 陶 | ス | 楽 | し | い | 品 | ャ | 園 | オ | 魔 | ゲ | 猟 |
| 画 | 狩 | 書 | タ | 画 | 撮 | 読 | 書 | 動 | 陶 | ン | プ | ム | 動 |
| 法 | 影 | シ | イ | 喜 | ゲ | 品 | ジ | 興 | 海 | 洋 | 活 | ャ | 園 |
| 法 | パ | ド | ル | 狩 | 品 | ハ | 画 | イ | プ | 活 | ク | ン | 絵 |

アスリート　　　　　人気の
ビーチ　　　　　　　リーフ
初心者　　　　　　　速度
チャンピオン　　　　スプレー
群衆　　　　　　　　強さ
楽しい　　　　　　　スタイル
海洋　　　　　　　　天気
パドル

# 70 - Chocolate

酸化防止剤
香り
職人
苦い
カカオ
カロリー
カラメル
ココナッツ
渇望

美味しい
エキゾチック
お気に入り
成分
ピーナッツ
品質
レシピ
砂糖
甘い

# 71 - Vegetables

| | | | | | | | | | | | | |
|---|---|---|---|---|---|---|---|---|---|---|---|---|
|だ|い|こん|法|玉|キュ|ウ|リ|ニ|カ|魔|読|
|ズ|狩|ハ|エ|葱|ノ|撮|動|リン|ブ|ア|写|
|絵|び|ゲ|写|撮|シ|コ|シ|編|かニ|品|ー|ジ|
|レ|興|読|味|猟|興|ャ|セ|ダ|ぼク|絵|ティ|喜|
|ショ|レ|ウ|ガ|動|パ|ム|ロ|プ|ち読|撮|ィチ|狩|
|写|レ|真|ダ|猟|ゼ|グ|リ|ッ|ゃ猟|品|チョ|エン|
|ン|ル|に|ん|じん|エ|味|エ|ト|茄|イ|ョ|ン|
|編|動|イ|魔|エ|真|ハ|カ|園|ラ|品|子|ード|
|編|ク|ゼ|プ|ブ|ロ|ッ|コ|リ|ー|み|ク|ウ|
|書|レ|釣|動|絵|び|ク|芸|ジ|フ|ダ|狩|り|園|
|ほ|う|れ|ん|草|ジ|動|芸|ト|魔|ラ|魔|ゲ|ー|
|画|釣|レ|写|ゲ|品|影|動|マ|パ|ラ|ワ|活|釣|
|ム|ズ|サ|ラ|ダ|物|ラ|ジ|ト|セ|シ|陶|ー|撮|
|真|キ|釣|活|ラ|り|ン|活|ム|リ|芸|ム|ム|園|

アーティチョーク　　玉葱
ブロッコリー　　パセリ
にんじん　　エンドウ
カリフラワー　　かぼちゃ
セロリ　　だいこん
キュウリ　　サラダ
茄子　　エシャロット
ニンニク　　ほうれん草
ショウガ　　トマト
キノコ　　カブ

# 72 - Boats

| ャ | シ | リ | カ | 味 | シ | ダ | ハ | 猟 | ジ | ダ | ア | み | ン |
|---|---|---|---|---|---|---|---|---|---|---|---|---|---|
| ム | ー | み | ゲ | ヤ | 芸 | ム | 川 | 魔 | 法 | び | ン | 絵 | 法 |
| シ | 物 | 興 | プ | ヨ | ッ | ト | エ | ン | ジ | ン | カ | カ | 猟 |
| リ | ズ | イ | グ | ャ | み | ク | 狩 | 物 | 猟 | エ | ヌ | ー | 芸 |
| リ | ン | ノ | 真 | 狩 | 園 | び | ル | 釣 | 海 | ド | ゲ | ー | パ |
| 猟 | ゲ | ー | 画 | り | み | ゲ | イ | ジ | 写 | ッ | ラ | 撮 | プ |
| ラ | み | テ | 撮 | び | 釣 | 動 | パ | 読 | ゼ | ク | ブ | イ | ル |
| ゼ | 品 | ィ | 写 | 物 | ャ | ダ | グ | イ | 画 | 品 | 喜 | 魔 | 興 |
| み | ク | カ | 真 | ー | 編 | ダ | 動 | ラ | 影 | シ | ハ | び | 陶 |
| 品 | 写 | ル | 波 | フ | ェ | リ | ー | 潮 | セ | ー | ラ | ー | 湖 |
| レ | 編 | ズ | ー | ロ | ー | プ | い | か | だ | マ | ス | ト | 猟 |
| 狩 | ズ | ジ | ゲ | 味 | ダ | ゼ | シ | 品 | ム | 釣 | グ | 物 | ゲ |
| ー | キ | ダ | ャ | ラ | 味 | ジ | ズ | 動 | ン | 影 | 喜 | 読 | 狩 |
| 読 | 編 | 絵 | 書 | 海 | 洋 | ズ | 撮 | ム | 喜 | 読 | ダ | シ | プ |

アンカー　　　マスト
ブイ　　　　　ノーティカル
カヌー　　　　海洋
クルー　　　　いかだ
ドック　　　　ロープ
エンジン　　　セーラー
フェリー　　　ヨット
カヤック

# 73 - Activities and Leisure

| バ | 活 | 喜 | ア | りゃ | エ | 活 | ジ | キ | 旅 | 撮 | エ | 活 |
| レ | 釣 | ズ | ー | 編 | び | 法 | ク | ャ | 行 | シ | 猟 | プ |
| ー | ダ | り | ト | 野 | 球 | レ | ー | シ | ン | グ | バ | 園 | ハ |
| ボ | 編 | イ | レ | テ | ニ | ス | パ | ラ | プ | ム | ス | 芸 | 真 |
| ー | 絵 | ー | ビ | 魔 | 陶 | 芸 | レ | 魔 | ム | 読 | ケ | ボ | 芸 |
| ル | 興 | 書 | 画 | ン | レ | 絵 | ー | 影 | リ | ラ | ッ | ク | ス |
| キ | ゴ | ー | ズ | 真 | グ | シ | 読 | 品 | ゲ | シ | ト | シ | グ |
| 魔 | ル | 絵 | 法 | イ | ラ | ー | 水 | 泳 | 写 | 猟 | ボ | ン | ム |
| グ | フ | 陶 | 画 | 趣 | 味 | キ | ル | サ | ッ | カ | ー | グ | グ |
| ハ | イ | キ | ン | グ | み | エ | 書 | ー | 興 | 味 | ル | ゲ | 影 |
| 編 | 撮 | 品 | び | 影 | 魔 | 味 | ゼ | フ | イ | 猟 | イ | び | 書 |
| ゲ | ゼ | 真 | 興 | 品 | 陶 | ダ | シ | ィ | ダ | ハ | 品 | 真 | 品 |
| ャ | り | 物 | ー | ハ | 写 | 活 | 猟 | ン | 撮 | 読 | 狩 | ジ | 品 |
| 真 | ダ | 猟 | リ | び | 写 | グ | ラ | ラ | 物 | 猟 | イ | 釣 | ム |

| | |
|---|---|
| アート | 趣味 |
| 野球 | 絵画 |
| バスケットボール | レーシング |
| ボクシング | リラックス |
| キャンプ | サッカー |
| ダイビング | サーフィン |
| 釣り | 水泳 |
| 園芸 | テニス |
| ゴルフ | 旅行 |
| ハイキング | バレーボール |

# 74 - Driving

```
モ狩ジ園ストラックライ絵品ゼ物
編ー写ダスト狩パ影イ危険魔り
りプタズレりリ編ジセ読興撮ゲ
道品プー猟ジ魔ジー車ンダ興ャエ
ジ園ー真興歩真園トス園動写ク
り味品品写行ブラゼ動燃料書活
オートバイ者ガレージ地図興エ
猟絵ムイプジグダー速度ム写猟
画書影真プトレ安芸キダル影影
警察動写ガン書全ハ書法シ狩芸
芸プ品読スネャ性陶ゲグ喜喜味
交魔ジキ味ルりリダ読猟事故影
通び魔イ画法法味真写ジゼ書み
りレ写読絵クグ書狩ン釣芸イ絵
```

事故
ブレーキ
危険
燃料
ガレージ
ガス
ライセンス
地図
モーター

オートバイ
歩行者
警察
安全性
速度
ストリート
交通
トラック
トンネル

# 75 - Professions #2

| | | | | | | | | | | | | |
|---|---|---|---|---|---|---|---|---|---|---|---|---|
|絵|園|キ|レ|イ|陶|画|生|ャ|ラ|み|医|師|写|
|ジ|活|ラ|ゼ|ラ|興|家|物|ゲ|び|興|ズ|農|真|
|ャ|ハ|写|ダ|ス|庭|み|学|ゲ|法|陶|グ|み|家|
|ー|絵|イ|画|ト|シ|師|者|読|外|喜|魔|喜|芸|
|ナ|陶|狩|活|レ|び|動|ク|狩|科|言|撮|レ|園|
|リ|宇|園|魔|ー|探|ャ|ー|ゲ|医|狩|語|哲|リ|
|ス|宙|び|み|タ|偵|真|イ|活|シ|動|物|学|者|
|ト|飛|び|キ|ー|歯|司|興|法|釣|り|陶|者|者|
|芸|行|園|写|芸|医|書|絵|キ|ズ|ジ|絵|発|先|
|グ|士|ン|レ|者|影|ル|書|レ|ャ|ム|明|生|
|び|ラ|ゼ|ャ|キ|真|陶|パ|イ|ロ|ッ|ト|者|品|
|品|撮|物|ゲ|エ|狩|狩|シ|活|エ|ン|ジ|ニ|ア|
|書|リ|画|釣|レ|ゲ|陶|釣|魔|ズ|ラ|興|リ|陶|
|書|物|書|興|エ|エ|り|法|イ|み|ズ|法|ル|プ|

宇宙飛行士  
生物学者  
歯医者  
探偵  
エンジニア  
農家  
庭師  
イラストレーター  
発明者  
ジャーナリスト  

司書  
言語学者  
画家  
哲学者  
写真家  
医師  
パイロット  
外科医  
先生  
動物学者

# 76 - Emotions

```
ラズジラズ活ング写りり陶シ真
狩ズキ読ラハ退至動園法読書
感謝しています屈レ福悲しみ編
イ法陶書レ活レ釣編興園魔リ興
優しさ同物興書キプズ書リパャ書
撮ャ読情リ書影イ物ゼダエ
喜園コンテみダ静けプルズ
物びみハレ影ツ猟読怒真プンゲ興
恥画編写ダエ猟プジり愛読ゼー物
ずラャ絵味ゲ編ダパシャラーゲハ
かャエり画シラキ読ゲム
し編エ動ン魔ジシパレ写物ク
いラダ品親読撮恐怖安画ゲ画
ゼダ狩切陶味満足心平和ン味興
```

怒り  
至福  
退屈  
コンテンツ  
恥ずかしい  
恐怖  
感謝しています  
喜び  

親切  
平和  
安心  
悲しみ  
満足  
同情  
優しさ  
静けさ

# 77 - Mythology

```
ム プ 釣 雷 不 死 ラ 稲 妻 天 モ ー タ ル
真 ゼ み 法 ゲ ジ シ リ ズ 国 ム ジ パ
写 ー び 復 讐 行 ハ レ エ 味 び 喜 信 ー
リ 嫉 喜 ー 味 動 喜 品 ズ り ゃ 読 工 念
ャ 妬 文 化 絵 画 園 グ ハ 喜 芸 び 撮 レ
ク ハ 法 興 動 ン 影 リ 喜 陶 リ 絵 魔 ズ
ゼ ン 狩 キ ャ 物 釣 写 法 魔 絵 プ 動 ゲ
喜 真 法 作 成 ク ジ ー パ ラ ル ゲ 芸 生
撮 編 芸 モ プ 神 キ 陶 災 害 活 ャ み き
ラ ビ リ ン ス 々 釣 り ー プ 真 エ ゲ 物
グ 撮 活 ス び 書 ャ 狩 陶 ャ 味 ク キ 釣
伝 活 動 タ シ 陶 読 ー 動 陶 レ 戦 士 ジ
興 説 絵 ー キ ヒ ー ロ ー 興 キ 味 園 み
シ イ 動 原 型 レ ダ ズ 味 グ 絵 ン 活 キ
```

原型
行動
信念
作成
生き物
文化
神々
災害
天国
ヒーロー

不死
嫉妬
ラビリンス
伝説
稲妻
モンスター
モータル
復讐
戦士

# 78 - Hair Types

```
ハ ダ ラ 写 園 品 ハ ム レ 画 ゲ キ ラ ゼ
物 ゲ イ 影 喜 魔 レ 読 喜 撮 ズ 白 編
ズ 釣 物 喜 キ 物 ン カ ー ル 影 短 い 品 狩
三 つ 編 み 頭 キ 編 興 有 ブ ロ ン ド 法
編 組 書 イ 皮 び 陶 書 興 色 味 陶 動
猟 品 り 影 芸 編 狩 エ ク み 画 ャ り
読 釣 元 グ レ ー 味 ル ド シ 園 グ 書 り
ム 写 芸 気 ャ 法 ル ブ ラ ッ ク グ レ 活
写 法 ン ジ 撮 喜 シ ャ イ ニ ー ラ シ 影
読 物 リ カ ー リ ー 撮 ム 薄 ム 喜 シ 法
ゼ ハ 釣 影 園 物 書 ラ 厚 い ャ ゼ 猟 喜
り 真 ラ 画 ズ イ ラ り 編 ソ 禿 写 書 活
魔 ム ム 茶 色 ム ジ び フ 釣 ハ シ グ
品 撮 銀 ラ グ 編 画 び 真 ト ラ 喜 ク レ
```

ブラック　　　　　　　グレー
ブロンド　　　　　　　元気
編組　　　　　　　　　頭皮
三つ編み　　　　　　　シャイニー
茶色　　　　　　　　　短い
有色　　　　　　　　　ソフト
カール　　　　　　　　厚い
カーリー　　　　　　　薄い
ドライ　　　　　　　　白い

# 79 - Furniture

```
ダ 絵 ゲ 動 物 ダ ズ ア 書 ラ 釣 シ 品 釣
写 イ グ 編 リ 絵 カ ー テ ン グ ゲ シ 味
物 魔 活 ジ シ ン 真 ム 猟 プ パ 絵 パ ゲ
写 ソ ファ レ 釣 ジ チ 味 編 棚 パ イ グ
物 ク 味 リ ラ ラ 興 ェ 芸 ゼ 写 興 ハ 活
ベッド キ 絵 キ 本 ア り イ ー 陶 プ 猟
猟 シ 物 ム 戸 棚 棚 活 ズ ゼ 書 イ 陶
ベ ョ 味 パ シ 椅 活 プ ン 絵 ド 釣 ジ レ
鏡 ン 猟 プ 品 子 狩 マ ッ ト レ ス ゲ 法
書 シ チ 掛 け 布 団 ハ ン モ ッ ク ゲ ン
エ 画 り び プ ラ レ ク ラ 魔 サ 芸 枕 ン
り ー 読 エ び 絵 リ ダ 撮 キ ー 編 編 ゼ
ム ム 書 絵 ム リ 撮 ジ ー ク び み 狩 書
エ 布 団 編 画 ー ク 狩 園 パ ル 机 み 陶
```

アームチェア　　カーテン
戸棚　　　　　　クッション
ベッド　　　　　ドレッサー
ベンチ　　　　　布団
本棚　　　　　　ハンモック
椅子　　　　　　ランプ
掛け布団　　　　マットレス
ソファ　　　　　ラグ

# 80 - Garden

```
園シリズリ読編動釣芸撮リイ法
ホャベ喜ズ動味味園ポ活プイ
ーベン岩影シシ撮ガレージ影写
スルチダ園ハ熊手オーチャード
編園品魔画庭ルャシ書イ池一魔
ャ喜プ魔パ画ジトラ法雑撮一影釣
味ン画法芝喜テラス草釣レリム
み読釣ジ生シムン木法イグ猟レ
影び画猟陶陶ポリフ活魔撮絵
ハンモックエジリ書陶ェレ花エ
イ猟法ズシハ釣ンみ読パン活ジ
ーラダ興読ュ品編写イダ編ス絵
ー物ゲジ読真絵画プ影猟ゼ喜パ
真ム編陶レりプゲ画絵みエりイ
```

ベンチ  
ブッシュ  
フェンス  
ガレージ  
ハンモック  
ホース  
芝生  

オーチャード  
ポーチ  
熊手  
シャベル  
テラス  
トランポリン  
雑草

# 81 - Birthday

| | | | | | | | | | | | |
|---|---|---|---|---|---|---|---|---|---|---|---|
| 読 | カ | ル | キ | お | 祝 | い | ー | レ | 動 | 品 | 物 | み | パ |
| 活 | 物 | レ | ャ | 書 | グ | 写 | 編 | 狩 | び | 思 | ズ | ー | ム |
| ル | 魔 | 法 | ン | ハ | ッ | ピ | ー | プ | 影 | い | り | シ | 動 |
| 歌 | 興 | プ | ド | ダ | パ | 編 | り | 魔 | 若 | 出 | 魔 | ク | ラ |
| 真 | 読 | 学 | ル | び | ー | 園 | ジ | ン | い | 猟 | 生 | 園 | ク |
| 楽 | シ | ぶ | ャ | 釣 | 魔 | 猟 | 物 | ー | 書 | グ | ま | グ | シ |
| し | ダ | た | パ | 撮 | ク | 編 | ャ | 真 | 工 | 動 | れ | 魔 | 魔 |
| い | ン | め | み | 興 | ャ | ク | 編 | ク | 友 | 達 | 時 | 釣 | ス |
| み | 工 | に | 撮 | 喜 | キ | 芸 | 影 | ズ | 絵 | 釣 | 品 | 間 | ペ |
| 園 | 園 | 園 | 招 | 真 | 撮 | 書 | 陶 | ズ | ル | み | 園 | り | シ |
| ー | カ | ー | ド | 待 | 知 | 恵 | ケ | ー | キ | ム | 魔 | ゼ | ャ |
| 年 | 真 | 芸 | 園 | ジ | 状 | び | ラ | ゼ | 写 | キ | 興 | 動 | ル |
| 贈 | り | 物 | 写 | び | 影 | ダ | キ | 書 | ズ | シ | シ | 真 | び |
| 撮 | 芸 | パ | 画 | プ | 真 | 日 | 工 | 読 | ハ | 狩 | 狩 | 工 | 動 |

生まれ  
ケーキ  
カレンダー  
キャンドル  
カード  
お祝い  
友達  
楽しい  
贈り物  

ハッピー  
招待状  
思い出  
スペシャル  
時間  
学ぶために  
知恵  
若い

## 82 - Beach

```
編猟動活ズン動編ボル園ン青園
陶レゼル法絵レラグーン書真ン
物レ砂ムレ釣画グエハトー釣品
ムャ法み絵味ダ陶み読動クび芸
法ンシル芸ルイ狩書狩法グパー
釣画ク影プリダ書シンゼン画レ
物絵物ハ喜プキ芸ラ編エハ影リ
サエカダ海岸読ハ画太傘ルズ
書ンニ釣洋ズル リ真陽ル芸ヨル
シャダリーフ品パ読シ島ドック
読ェグル興写りプ撮猟休レト真
タオルエり真活品ジ暇び真写
影釣み書エゲりび絵ン品リキラ
ー法リクレ影プ猟画プ写法ゼズ
```

- ボート
- 海岸
- カニ
- ドック
- ラグーン
- 海洋
- リーフ
- ヨット
- サンダル
- シェル
- 太陽
- タオル
- 休暇

# 83 - Adjectives #1

| | | | | | | | | | | | | |
|---|---|---|---|---|---|---|---|---|---|---|---|---|
|み|編|芳|ハ|ル|魔|書|絵|ル|ハ|グ|書|り|動|
|り|ク|香|味|ッ|書|釣|り|び|絶|ク|絵|味|芸|
|真|編|族|パ|深|ピ|ー|み|ン|対|び|ラ|ゼ|物|
|釣|ゲ|影|ゲ|刻|イ|ー|レ|影|エ|綺|ル|巨|ゲ|
|エ|釣|重|要|プ|法|び|芸|魔|キ|法|麗|大|興|
|キ|ゼ|真|動|園|芸|ン|ン|ゾ|寛|大|な|ゲ|
|ー|ゲ|猟|ク|ゲ|猟|動|法|真|チ|同|ジ|ズ|真|
|動|モ|魅|力|的|ン|ム|ゲ|読|ッ|ー|ジ|読|動|
|エ|ダ|書|狩|ゲ|書|影|レ|み|ク|正|直|り|薄|
|ハ|ン|エ|野|ゲ|芸|味|狩|み|ゼ|写|ゲ|暗|い|
|び|品|影|重|心|術|編|読|動|法|ゲ|品|読|園|
|写|興|み|い|ダ|的|ャ|芸|イ|ル|芸|遅|キ|み|
|読|興|ム|ゲ|狩|み|シ|レ|物|ム|魔|い|物|喜|
|貴|重|写|グ|絵|活|ハ|画|レ|物|画|エ|レ|書|

絶対
野心的
芳香族
芸術的
魅力的
綺麗な
暗い
エキゾチック
寛大な
ハッピー

重い
正直
巨大な
同一
重要
モダン
深刻
遅い
薄い
貴重

# 84 - Rainforest

| | | | | | | | | | | | | | |
|---|---|---|---|---|---|---|---|---|---|---|---|---|---|
| ダ | リ | 動 | 一 | 気 | 哺 | ラ | グ | 狩 | 先 | 尊 | プ | 狩 | 活 |
| ャ | 読 | 喜 | グ | 候 | 乳 | 避 | レ | り | 住 | 敬 | 品 | 活 | 読 |
| 活 | ゲ | 写 | パ | 虫 | 類 | 難 | コ | ダ | 民 | 味 | 一 | 撮 | シ |
| ダ | 動 | 狩 | グ | 両 | 生 | 類 | ミ | 鳥 | 族 | 動 | イ | 編 | 画 |
| グ | パ | 芸 | 活 | ズ | プ | 書 | ュ | ラ | 絵 | 写 | 物 | 味 | 品 |
| 品 | 興 | 園 | 写 | ハ | パ | 編 | ニ | 貴 | ン | び | パ | 魔 | 編 |
| ダ | 読 | イ | レ | び | ズ | 園 | テ | 重 | 真 | 読 | 動 | 園 | ズ |
| ル | エ | ダ | 喜 | ル | み | 喜 | ィ | 喜 | シ | 動 | み | キ | 味 |
| 植 | 物 | 魔 | レ | 活 | ジ | ジ | 猟 | ゼ | 自 | 種 | み | 味 | 芸 |
| 魔 | 生 | 存 | シ | 味 | 園 | ャ | ル | 品 | 喜 | 然 | り | ダ | キ |
| 復 | プ | 編 | パ | ダ | 魔 | ン | 真 | 多 | 様 | 性 | ダ | グ | 雲 |
| 元 | パ | 釣 | 品 | ル | ル | グ | 編 | グ | ダ | 喜 | 真 | り | 真 |
| レ | 園 | ゲ | 園 | み | ク | ル | り | 味 | 画 | リ | ジ | 猟 | 写 |
| ル | 狩 | み | 撮 | ハ | ラ | り | 園 | 保 | 存 | 品 | ラ | 苔 | 写 |

両生類  
植物  
気候  
コミュニティ  
多様性  
先住民族  
ジャングル  
哺乳類  

自然  
保存  
避難  
尊敬  
復元  
生存  
貴重

# 85 - Technology

```
デ パ 陶 キ 真 ブ ム パ ゲ 読 喜 喜 動 法
芸 ジ キ エ ゼ ラ び 釣 シ 法 ラ 園 書 書
動 釣 タ ダ 活 ウ 興 パ 影 喜 魔 ャ ム ム
芸 ラ ゲ ル ソ ザ ク キ 魔 園 ン 真 影 影
味 ャ キ 園 物 フ ォ ン ト 味 ン シ 狩 ダ
コ ン ピ ュ ー タ ト 芸 写 ャ シ ゲ イ
ラ 活 画 バ イ ト グ ウ ブ ロ グ 計 カ 動
ン 画 パ 面 ン 研 パ ェ メ ッ セ ー ジ
ク 釣 ジ ゲ タ 究 活 パ 狩 ア り 味 ソ 真
リ イ 狩 品 ー 釣 編 パ リ 陶 ゼ グ ル シ
安 全 仮 想 ネ ム 撮 ダ イ フ カ メ ラ ウ
ャ ダ 写 画 ッ び グ ダ 編 ァ ジ シ 味 イ
リ デ ー タ ト 狩 ハ 真 ハ イ 物 読 園 ル
活 味 び ク 味 グ 影 画 ズ ル 魔 撮 書 ス
```

ブログ インターネット
ブラウザ メッセージ
バイト 研究
カメラ 画面
コンピュータ 安全
カーソル ソフトウェア
データ 統計
デジタル 仮想
ファイル ウイルス
フォント

# 86 - Landscapes

| 沼 | 川 | り | ゲ | ル | り | 間 | ジ | ハ | リ | ャ | ム | 陶 | り |
|---|---|---|---|---|---|---|---|---|---|---|---|---|---|
| 読 | ャ | 魔 | ン | 読 | ゼ | 欠 | 芸 | 園 | パ | エ | 読 | 物 | ル |
| 狩 | ダ | ー | 喜 | ハ | 泉 | 活 | 法 | 興 | 編 | ダ | ー | 撮 | 湖 |
| ク | ム | 半 | 島 | 動 | 動 | ジ | ー | 書 | み | 喜 | 魔 | 狩 | 湖 |
| 絵 | ゲ | 洞 | 窟 | ズ | ラ | ン | 影 | ー | イ | 影 | 活 | ズ | ハ |
| キ | レ | り | ラ | 陶 | 法 | イ | み | ハ | 撮 | 陶 | 活 | 喜 | ー |
| 喜 | 物 | み | 法 | ー | 丘 | 絵 | レ | 書 | 絵 | 猟 | 物 | キ | 物 |
| 写 | 品 | び | レ | 撮 | 陶 | ク | ク | 狩 | ゲ | 園 | 砂 | 影 | 読 |
| ム | ャ | 動 | 書 | 氷 | エ | 滝 | ズ | エ | 撮 | ビ | 漠 | ゼ | 喜 |
| ル | プ | 画 | エ | び | 河 | 芸 | リ | 海 | 洋 | パ | ー | ハ | ン |
| ツ | ン | 真 | ム | ジ | エ | ハ | 読 | パ | ム | ー | グ | チ | 芸 |
| 読 | ン | 狩 | り | 編 | ル | 撮 | 火 | 山 | り | 写 | 読 | び | 真 |
| ハ | 谷 | ド | オ | ア | シ | ス | リ | 猟 | 氷 | 山 | ャ | ラ | エ |
| パ | 編 | 興 | ラ | ク | 画 | 喜 | 法 | 写 | イ | 真 | 喜 | ラ | ー |

ビーチ　　　　　　　オアシス
洞窟　　　　　　　　海洋
砂漠　　　　　　　　半島
間欠泉　　　　　　　ツンドラ
氷河　　　　　　　　火山
氷山

# 87 - Visual Arts

```
猟 チ 絵 ム パ 品 ゲ 活 ハ ラ 建 法 陶 編
イ ョ 映 画 一 び ス ャ シ 猟 活 築 器 シ
ア ー テ ィ ス ト テ 陶 釣 シ リ ハ ラ ハ
ー ク 魔 釣 ペ ゼ ン ゲ 書 ャ 味 ズ 釣 ク
ポ 狩 ー ハ ク 絵 シ 陶 ダ 狩 喜 ク 読 イ
ー イ 創 動 テ 猟 ル 法 狩 ゲ 彫 刻 読 ー
ト 編 造 ル ィ ハ シ 編 ク ズ 写 撮 ハ ゼ
レ 法 性 撮 ブ 猟 粘 書 ク び グ 動 構 ル
ー 絵 ズ 興 陶 動 土 ル ジ ゼ 編 リ 成 レ
ト ワ ッ ク ス び ー ル レ 品 ク ク ル 撮
リ 園 物 ラ ハ び 喜 動 炭 編 ク 猟 ダ 品
ジ 影 興 ハ ハ パ 編 魔 編 猟 書 プ ペ 傑
リ キ 影 芸 釣 鉛 ラ 写 真 ゼ ラ 編 ン 作
プ り 釣 編 撮 筆 ダ ャ レ 興 み 興 園 ジ
```

建築
アーティスト
チョーク
粘土
構成
創造性
イーゼル
映画
傑作
絵画

ペン
鉛筆
パースペクティブ
写真
ポートレート
陶器
彫刻
ステンシル
ワックス

# 88 - Plants

ベリー
植物学
ブッシュ
サボテン

肥料
フローラ
花弁
植生

# 89 - Countries #2

| 陶 | ナ | 品 | ハ | シ | グ | ン | ハ | エ | エ | 真 | ム | ジ | ギ |
|---|---|---|---|---|---|---|---|---|---|---|---|---|---|
| ム | 真 | イ | ズ | リ | ラ | 活 | グ | ハ | チ | ラ | ダ | ソ | リ |
| 読 | 魔 | 芸 | ジ | ア | 喜 | ラ | リ | び | ム | オ | レ | マ | シ |
| ズ | 興 | プ | ラ | ェ | ダ | び | ベ | 品 | ハ | ス | ピ | リ | ャ |
| 絵 | 法 | 真 | 写 | ル | リ | 真 | リ | 画 | ム | 編 | ス | ア | ー |
| グ | 味 | ネ | パ | ー | ル | ア | ア | キ | 芸 | ゼ | ー | ゼ | 魔 |
| 魔 | 味 | メ | キ | シ | コ | 魔 | プ | ム | グ | ジ | ダ | 書 | 編 |
| デ | 物 | 画 | ス | 魔 | イ | 園 | 物 | ハ | ウ | ガ | ン | ダ | み |
| ン | 狩 | ス | タ | り | ジ | ジ | マ | イ | カ | ム | 編 | 画 | ー |
| 日 | 芸 | マ | ン | ラ | び | 釣 | 魔 | チ | み | レ | ロ | シ | ア |
| 本 | 編 | 画 | ー | 興 | ア | ル | バ | ニ | ア | バ | プ | ゲ | レ |
| ズ | 物 | り | ウ | ク | ラ | イ | ナ | り | ハ | ノ | 陶 | 喜 | ム |
| り | ゼ | 真 | プ | ラ | 写 | ク | ジ | ル | 法 | ン | 猟 | ラ | り |
| エ | 画 | り | ャ | 魔 | ャ | ゼ | ル | ダ | 編 | ン | び | グ | |

アルバニア
デンマーク
エチオピア
ギリシャ
ハイチ
ジャマイカ
日本
ラオス
レバノン
リベリア

メキシコ
ネパール
ナイジェリア
パキスタン
ロシア
ソマリア
スーダン
シリア
ウガンダ
ウクライナ

# 90 - Ecology

```
ク ー 味 ズ 物 プ リ 狩 グ 興 読 猟 ボ レ
真 釣 動 ク 喜 釣 写 ー 自 然 キ 気 ラ 釣
ナ ャ コ ジ グ 持 品 ャ マ リ ン 候 ン ム
ン チ ミ 物 ロ イ 続 リ 狩 フ ー 活 テ 画
物 み ュ マ ー シ ュ 可 ソ ロ シ ゲ ィ 写
絵 撮 ニ ラ バ グ み 写 能 ー 法 早 ア 動
ハ ム テ 読 ル 品 エ レ エ ラ ス 魃 び リ
ャ イ ィ シ ム 動 レ ム 画 キ 狩 プ レ キ
写 興 撮 猟 レ キ ジ 多 様 性 び 真 園 ラ
エ 絵 ゼ 品 園 シ ル エ 品 影 興 プ ゼ ラ
絵 ン 園 物 味 グ み 猟 ム 法 ハ 狩 真 ゼ
動 物 相 陶 ダ プ ー 動 り 植 生 息 地 品
ム レ エ ゲ び 物 ラ 園 種 物 存 釣 シ 園
影 味 書 ラ ダ シ シ 陶 イ 真 り 山 ー 喜
```

気候　　　　　　　　マーシュ
コミュニティ　　　　ナチュラル
多様性　　　　　　　自然
旱魃　　　　　　　　植物
動物相　　　　　　　リソース
フローラ　　　　　　生存
グローバル　　　　　持続可能
生息地　　　　　　　植生
マリン　　　　　　　ボランティア

# 91 - Adjectives #2

| 釣 | 陶 | 絵 | ラ | 撮 | 写 | グ | 責 | 任 | 者 | 釣 | 興 | 芸 | 読 |
|---|---|---|---|---|---|---|---|---|---|---|---|---|---|
| ル | プ | 活 | 喜 | ラ | ル | み | 猟 | 編 | ジ | ズ | 芸 | 興 | 猟 |
| エ | グ | 芸 | 絵 | ゼ | 撮 | プ | シ | 絵 | ゲ | ャ | 空 | 魔 | 腹 |
| 魔 | レ | ギ | フ | テ | ッ | ド | プ | 新 | ン | 塩 | 野 | 生 | 品 |
| 撮 | 書 | ガ | 絵 | 釣 | リ | 書 | み | 着 | 画 | 辛 | 説 | ズ | エ |
| ハ | 動 | 味 | ン | 写 | 書 | 元 | 狩 | 面 | 白 | い | 明 | ゼ | ホ |
| 味 | 興 | 物 | ジ | ト | 釣 | 真 | 気 | オ | 動 | 法 | ダ | 狩 | ッ |
| 画 | 写 | ー | グ | 有 | 名 | な | イ | ー | 園 | 喜 | 画 | 品 | ト |
| ク | リ | エ | イ | テ | ィ | ブ | 眠 | セ | ル | 物 | 生 | 産 | 読 |
| 真 | 興 | パ | び | ム | ャ | 強 | い | ン | 真 | ラ | 影 | 産 | 写 |
| ン | 狩 | 陶 | 魔 | み | 芸 | 魔 | で | テ | リ | シ | 釣 | 的 | プ |
| ン | ゼ | 陶 | ズ | 陶 | 魔 | ド | す | ィ | 陶 | 書 | ダ | グ | 興 |
| 魔 | 誇 | り | ナ | チ | ュ | ラ | ッ | リ | 影 | ャ | 喜 | 喜 | パ |
| 園 | ク | 書 | グ | 画 | び | イ | 魔 | ク | 書 | 陶 | 喜 | パ | 法 |

オーセンティック　　面白い
クリエイティブ　　　ナチュラル
説明　　　　　　　　新着
ドライ　　　　　　　生産的
エレガント　　　　　誇り
有名な　　　　　　　責任者
ギフテッド　　　　　塩辛い
元気　　　　　　　　眠いです
ホット　　　　　　　強い
空腹　　　　　　　　野生

# 92 - Math

```
法 幾 読 魔 ズ プ イ み キ シ エ 書 角 度
ズ 何 物 動 ズ み 喜 写 猟 レ ゼ ラ ル 釣
味 学 書 ク キ ク 半 読 ラ 算 術 ボ キ 物
喜 絵 ム 撮 園 撮 レ 径 ャ 芸 撮 リ み ム
平 味 レ キ 方 写 ゼ 味 ン グ 物 ュ 釣 写
行 活 ー ー 程 ダ 狩 味 ン ム ダ ー ル 釣
対 影 ム 興 式 喜 イ ラ 円 読 和 ム 編 パ
品 称 ゲ リ 活 ゲ 書 分 周 囲 ー ク 矩 直
園 ル び 活 編 多 数 平 行 四 辺 形 径
ク ー イ キ 編 三 角 形 陶 レ ャ 指 数 字
ハ ー 興 シ び 写 ダ 形 ダ ン 陶 園 キ 猟
味 写 イ ゲ 読 み 芸 プ ゼ ム ャ グ グ 園
陶 園 園 狩 撮 ラ 撮 び ゼ 狩 喜 味 ダ 陶
影 釣 撮 イ ク ャ 興 法 ゼ 真 法 ジ イ ラ
```

| | |
|---|---|
| 角度 | 平行 |
| 算術 | 平行四辺形 |
| 円周 | 周囲 |
| 小数 | 多角形 |
| 直径 | 半径 |
| 方程式 | 矩形 |
| 指数 | 対称 |
| 分数 | 三角形 |
| 幾何学 | ボリューム |
| 数字 | |

# 93 - Water

運河
湿った
蒸発
洪水
間欠泉
湿度
ハリケーン

灌漑
水分
モンスーン
海洋
シャワー
蒸気

# 94 - Activities

| ハ | ダ | 法 | ク | 読 | 撮 | 読 | 興 | キ | ゲ | 猟 | み | 喜 | シ |
| - | - | - | - | - | - | - | - | - | - | - | - | - | - |
| ー | 書 | ゼ | エ | 狩 | エ | 読 | 書 | ャ | ゲ | 陶 | 興 | 興 | 味 |
| み | リ | ラ | ク | ゼ | ー | シ | ョ | ン | ダ | び | ン | 画 | ズ |
| イ | 芸 | ー | 品 | シ | ア | 法 | ャ | プ | ン | エ | レ | 喜 | イ |
| 猟 | 撮 | ル | 釣 | り | ー | ク | 撮 | ン | シ | 魔 | 味 | 活 | シ |
| プ | 編 | ム | シ | エ | ト | 縫 | 製 | 画 | ン | グ | 書 | 絵 | パ |
| 魔 | 法 | ル | 品 | 書 | キ | 芸 | プ | ー | グ | 狩 | 猟 | み | ジ |
| レ | ジ | ャ | ー | グ | 真 | イ | 園 | 動 | 真 | エ | 園 | 喜 | び |
| 芸 | 狩 | ハ | イ | キ | ン | グ | エ | 撮 | 猟 | 活 | 芸 | 品 | レ |
| 絵 | ジ | ゲ | ゲ | 法 | 編 | ク | ラ | ャ | ラ | パ | 動 | 品 | 釣 |
| 書 | ク | み | ー | グ | み | 写 | 真 | 撮 | 影 | ズ | び | パ | 魔 |
| 影 | ャ | 書 | ム | 撮 | 物 | 味 | 写 | 芸 | ー | 編 | 活 | シ | ン |
| エ | ダ | 魔 | 釣 | み | り | 撮 | 編 | 陶 | 園 | 興 | 法 | 狩 | 猟 |
| ス | キ | ル | 味 | イ | 興 | 猟 | ゲ | 法 | ム | 陶 | 画 | 陶 | 画 |

活動　　　　　　　　　興味
アート　　　　　　　　編み物
キャンプ　　　　　　　レジャー
工芸品　　　　　　　　魔法
ダンシング　　　　　　写真撮影
釣り　　　　　　　　　喜び
ゲーム　　　　　　　　読書
園芸　　　　　　　　　リラクゼーション
ハイキング　　　　　　縫製
狩猟　　　　　　　　　スキル

# 95 - Literature

```
影物狩影リズムイ陶園ル詩的テ
スタイル悲劇影味リナレーター
影写品イゼび真画法読狩ク読マ
レ活撮影興ル味物レ釣びク結編
小説明ル魔び類推レび真エ論
ジレ読興興クャリシ猟絵ゲレみ
エハ園ジハフィクション書ゼ園
エ狩園猟猟リンルャ写喜釣活
比陶釣り味喜レゲ伝記プジ味ハ
対較ク画シ著者狩クイパ分品韻
逸話シハ猟ン動味陶ズム析ハレ
ジ喜釣エ釣ンゲ読プ詩ハキキパ
読キ味シル狩絵読ジ動魔絵品
釣ゼ絵真ク真動読魔写編ラ比喩
```

類推
分析
逸話
著者
伝記
比較
結論
説明
対話

フィクション
比喩
ナレーター
小説
詩的
リズム
スタイル
テーマ
悲劇

# 96 - Geography

| ハ | ル | 品 | 緯 | 度 | レ | ラ | ジ | び | 喜 | ダ | 品 | ャ | ル |
|---|---|---|---|---|---|---|---|---|---|---|---|---|---|
| 物 | キ | 物 | 撮 | ャ | パ | 世 | 味 | ー | ム | ル | 絵 | 川 | レ |
| 猟 | 芸 | 喜 | 編 | ズ | 山 | 界 | り | プ | 編 | 海 | 洋 | り | 園 |
| シ | 書 | エ | 市 | ジ | 書 | プ | 猟 | ジ | 味 | ダ | 物 | 地 | 域 |
| 釣 | ー | 法 | 編 | ハ | ン | リ | 真 | 影 | み | ダ | ジ | プ | 域 |
| 喜 | パ | り | 地 | ラ | リ | ン | 物 | レ | エ | び | 絵 | 物 | 猟 |
| 書 | 園 | 読 | 図 | 影 | 半 | 影 | 芸 | 園 | 書 | 読 | 狩 | 読 | ゲ |
| 読 | 動 | ジ | 物 | 魔 | 南 | 球 | 写 | 画 | 物 | 領 | 島 | 味 | プ |
| り | エ | 絵 | エ | イ | 法 | ゼ | プ | 子 | み | ク | 域 | 海 | ク |
| ラ | 大 | 陸 | ア | エ | み | ズ | 活 | 午 | 影 | ャ | シ | ダ | 書 |
| 園 | 北 | イ | ト | 法 | キ | ャ | ク | 線 | 活 | み | プ | ゼ | ゼ |
| ク | 喜 | ャ | ラ | 写 | ン | レ | 真 | 真 | リ | 影 | 書 | 高 | 度 |
| 書 | ー | リ | ス | ズ | キ | 真 | ジ | リ | 魔 | ゲ | り | ダ | リ |
| 影 | 活 | 陶 | ム | 国 | 画 | ク | 物 | 狩 | ゼ | ク | ゼ | 西 | 園 |

高度　　　　　　　　子午線
アトラス　　　　　　海洋
大陸　　　　　　　　領域
半球　　　　　　　　地域
緯度　　　　　　　　世界
地図

# 97 - Pets

```
影 ジ 園 シ ジ ジ 芸 ラ 狩 法 動 う 魔 シ
ズ 読 り 子 猫 襟 魔 レ 釣 陶 味 さ ゼ 足
ム グ パ 犬 み レ 画 プ キ イ ぎ 陶 画
ン グ び 活 品 興 ャ 陶 読 ズ レ 真 影 魔
編 び 品 獣 ハ シ 真 写 影 グ 陶 ハ グ キ
食 べ 物 医 レ 釣 一 レ ハ ジ 味 み 撮 爪
魔 力 味 魔 ハ 喜 キ ム プ ム 味 絵 プ ジ
リ メ キ ル リ 絵 エ ハ ゼ ゲ ス ゼ 絵 ジ
リ 狩 味 ル 物 グ ク シ ダ ル 読 タ ゲ オ
物 ゼ 猟 画 一 絵 撮 猟 り 法 陶 ヤ ー ウ
牛 編 イ イ リ イ ン み イ ト 法 ギ パ ム
動 猟 ム 物 味 尾 み グ 写 ル カ 園 ャ エ
ね ず み 物 ム 絵 真 水 真 猫 法 ゲ 絵 シ
ダ り り ゲ ク 狩 芸 ゲ み 魚 陶 絵 狩 グ
```

食べ物　　　　　　　　オウム
ヤギ　　　　　　　　　子犬
ハムスター　　　　　　うさぎ
子猫　　　　　　　　　カメ
トカゲ　　　　　　　　獣医
ねずみ

# 98 - Nature

| | | | | | | | | | | | |
|---|---|---|---|---|---|---|---|---|---|---|---|
|狩|ト|ン|活|ラ|穏|画|動|ズ|芸|レ|び|芸|山|
|ハ|リ|ロ|書|影|や|ラ|ゲ|ズ|絵|園|ク|撮|編|
|シ|活|り|ピ|雲|か|狩|エ|絵|ジ|り|ハ|法|和|園|
|興|画|イ|編|カ|影|影|美|物|読|園|平|和|園|
|キ|サ|猟|グ|レ|ム|ム|し|ラ|北|侵|食|絵|リ|
|ハ|ン|シ|絵|画|レ|喜|リ|ハ|し|極|絵|ャ|興|
|ゼ|ク|編|影|ゼ|重|要|り|イ|ン|み|喜|読|
|蜂|チ|パ|ャ|ム|陶|エ|物|キ|ル|氷|パ|り|法|
|園|ュ|野|生|ゼ|エ|ク|び|ン|法|河|ジ|園|品|
|読|ア|イ|ハ|ズ|り|興|ラ|芸|釣|パ|エ|ズ|編|
|ハ|リ|川|ジ|ゲ|狩|ジ|ム|ー|写|パ|エ|ー|芸|
|霧|喜|葉|動|パ|ー|砂|漠|魔|ゼ|読|品|写|写|
|リ|絵|ラ|的|り|読|ン|動|ン|真|物|興|興|森|
|編|猟|影|ム|興|絵|動|物|シ|動|興|キ|シ|ャ|

動物　　　　　　　平和  
北極　　　　　　　サンクチュアリ  
美しさ　　　　　　穏やか  
砂漠　　　　　　　トロピカル  
動的　　　　　　　重要  
侵食　　　　　　　野生  
氷河

# 99 - Championship

チャンピオン
チャンピオンシップ
コーチ
ファイナリスト
ゲーム
裁判官
リーグ
メダル
モチベーション
パフォーマンス
スポーツ
戦略
チーム
トーナメント
勝利

# 100 - Vacation #2

| | | | | | | | | | | | | | |
|---|---|---|---|---|---|---|---|---|---|---|---|---|---|
|陶|キ|タ|ビ|味|イ|み|陶|ダ|絵|法|興|読|レ|
|レ|ャ|ク|ザ|魔|ル|ズ|真|ル|写|プ|プ|旅|プ|
|物|ン|シ|活|山|列|プ|イ|陶|ル|写|陶|猟|真|
|活|プ|ー|ゼ|影|車|交|撮|ル|読|園|物|ン|
|魔|撮|ン|ク|法|ゼ|撮|通|ー|写|法|ジ|芸|ズ|
|ャ|物|味|り|プ|ゼ|ム|海|ク|味|動|エ|レ|レ|
|ル|編|プ|ズ|ゼ|地|ゲ|物|活|興|び|書|芸|影|
|芸|プ|園|狩|び|図|プ|ズ|芸|画|喜|外|グ|レ|
|影|ハ|ダ|陶|陶|真|リ|園|行|ャ|陶|国|レ|シ|
|パ|ス|ポ|ー|ト|シ|ズ|絵|き|釣|ジ|人|ス|パ|
|ジ|影|レ|陶|ー|島|ズ|シ|先|レ|ャ|ダ|ト|キ|
|真|狩|エ|真|ズ|グ|ダ|リ|ム|読|ム|ホ|ラ|ン|
|ビ|ー|チ|レ|ジ|ャ|ー|ク|喜|休|日|テ|ン|ト|
|写|活|読|空|港|芸|レ|陶|ズ|グ|ゲ|ル|ン|活|

空港　　　　　　　　　地図
ビーチ　　　　　　　　パスポート
キャンプ　　　　　　　レストラン
行き先　　　　　　　　タクシー
外国人　　　　　　　　テント
休日　　　　　　　　　列車
ホテル　　　　　　　　交通
レジャー　　　　　　　ビザ

### 1 - Food #1

### 2 - Castles
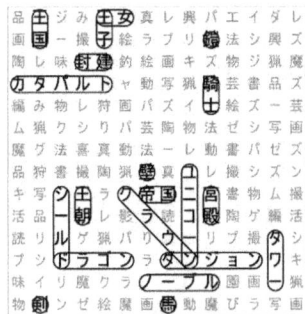

### 3 - Exploration

### 4 - Measurements
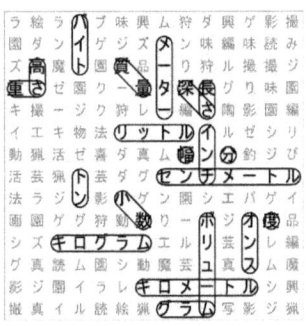

### 5 - Farm #2
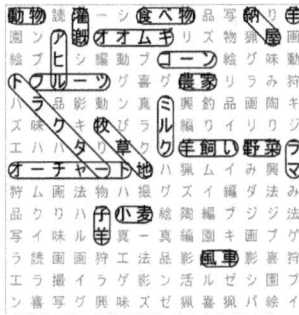

### 6 - Books
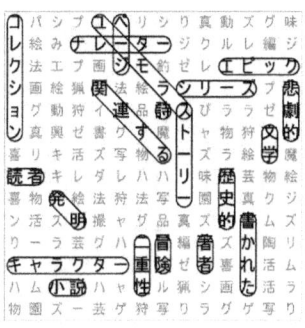

### 7 - Meditation
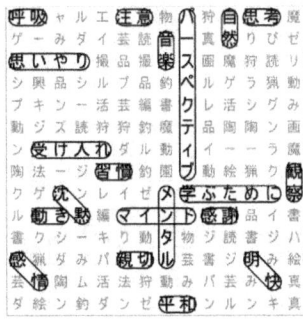

### 8 - Days and Months
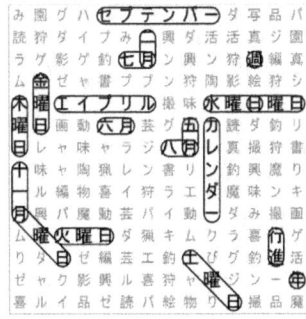

### 9 - Chess

### 10 - Food #2
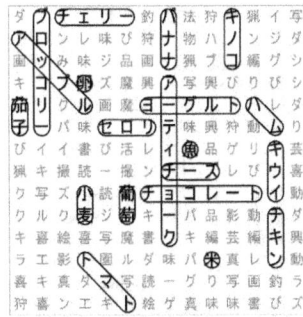

### 11 - Family

### 12 - Farm #1

### 13 - Camping

### 14 - Conservation
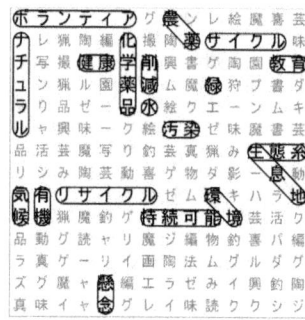

### 15 - Numbers
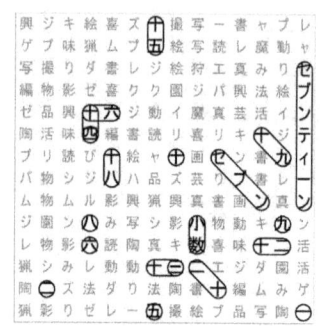

### 16 - Spices
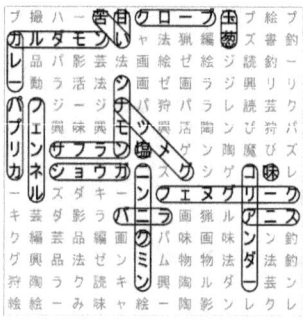

### 17 - Mammals
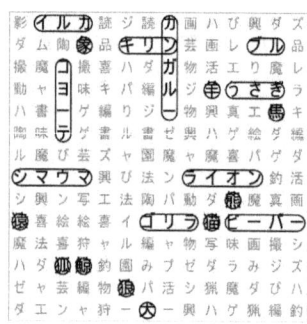

### 18 - Fishing
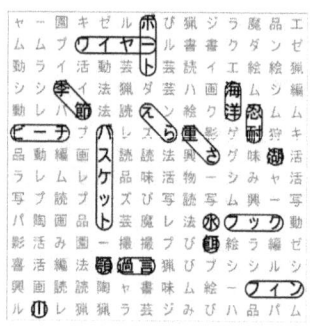

### 19 - Restaurant #1
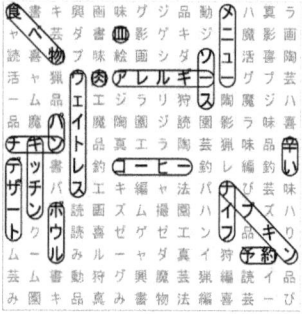

### 20 - Bees
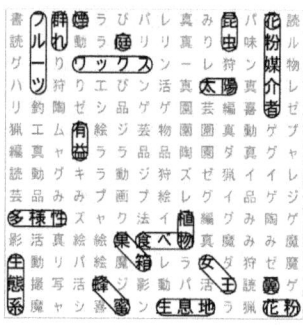

### 21 - Sports
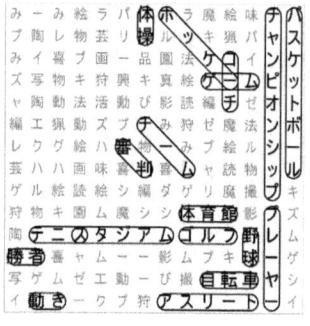

### 22 - Weather
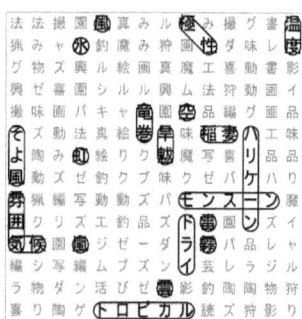

### 23 - Adventure

### 24 - Circus
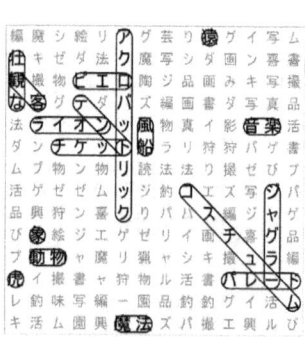

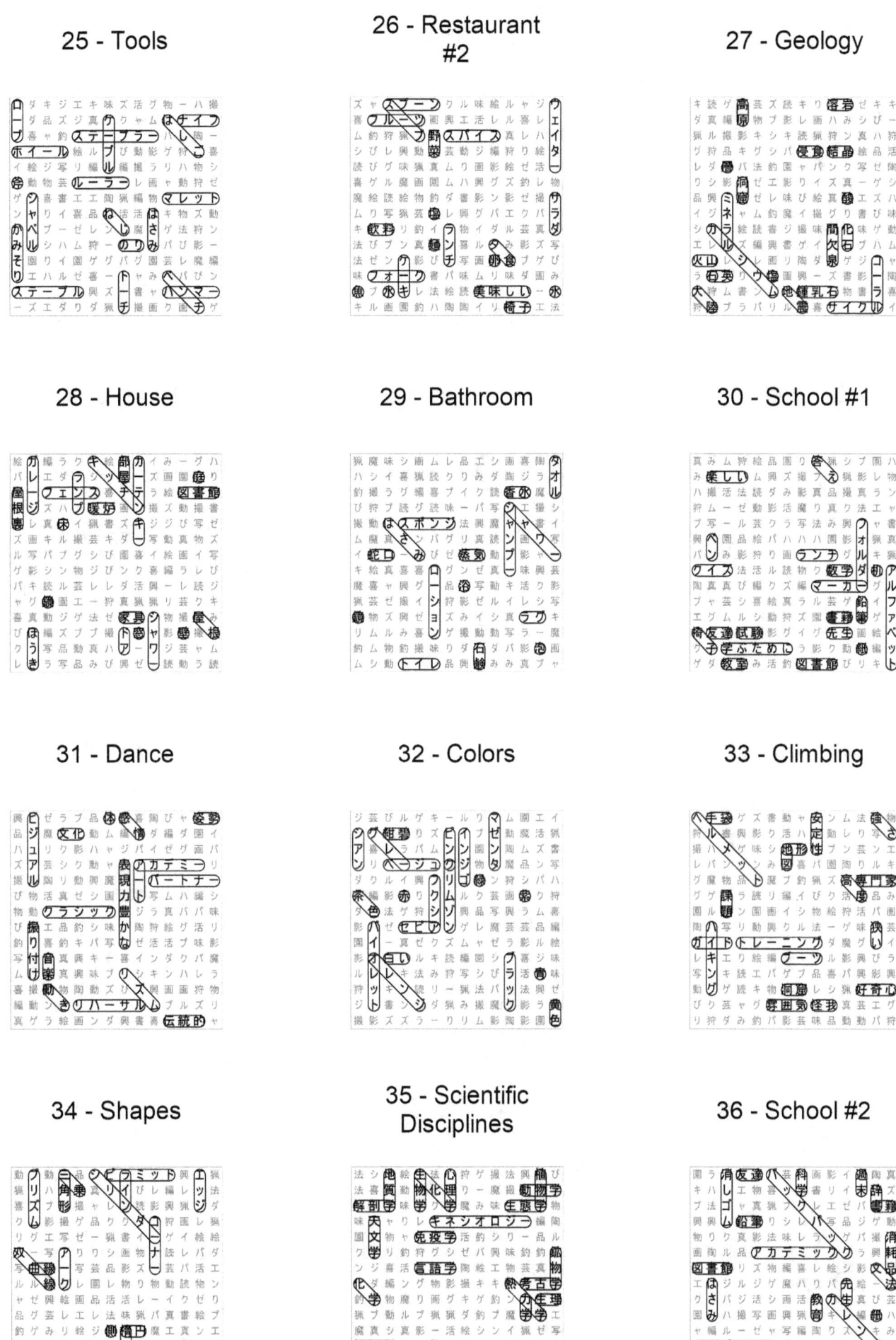

### 37 - Science

### 38 - To Fill
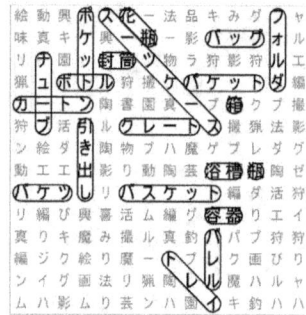

### 39 - Summer
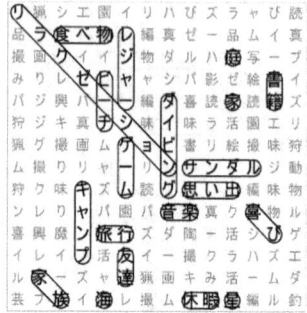

### 40 - Clothes
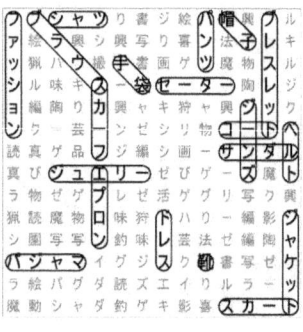

### 41 - Insects
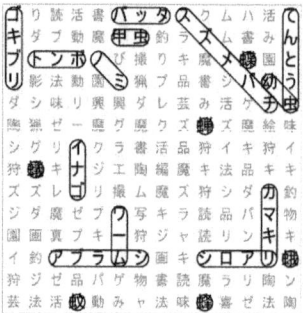

### 42 - Astronomy

### 43 - Pirates

### 44 - Time
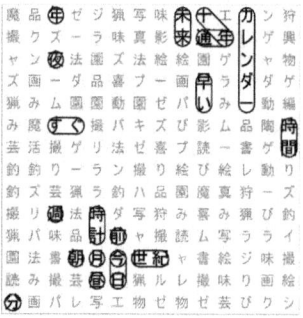

### 45 - Buildings
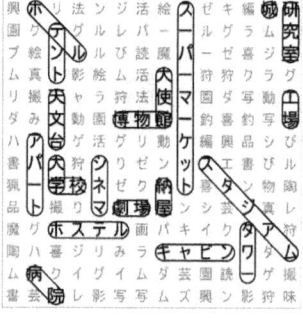

### 46 - Herbalism
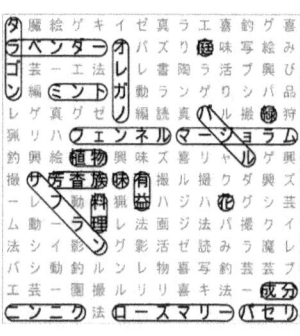

### 47 - Toys
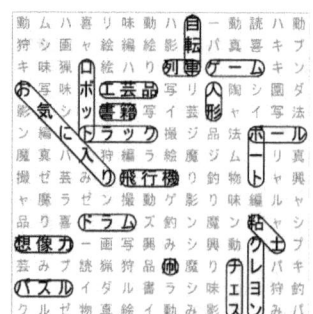

### 48 - Vehicles
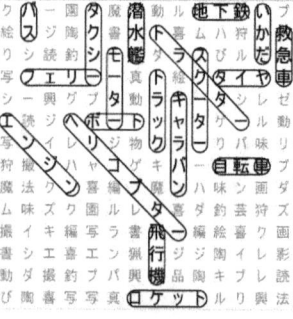

### 49 - Flowers

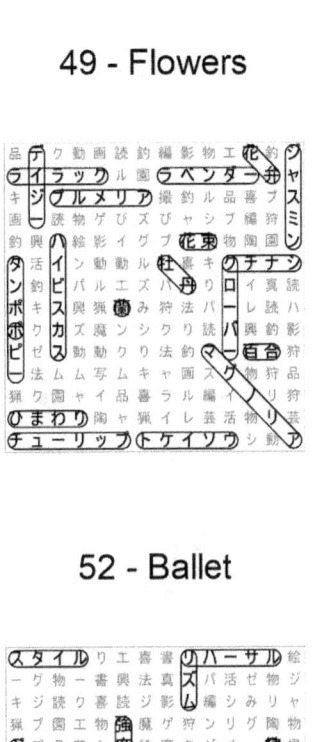

### 50 - Town

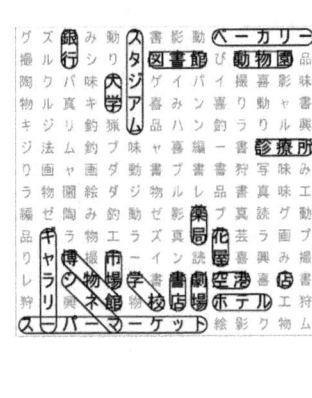

### 51 - Antarctica

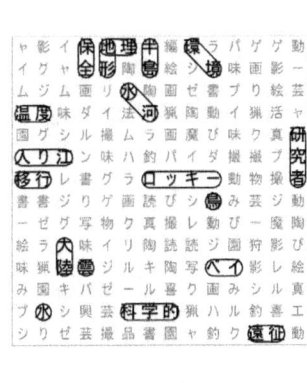

### 52 - Ballet

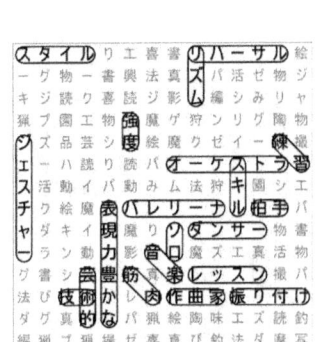

### 53 - Human Body

### 54 - Musical Instruments

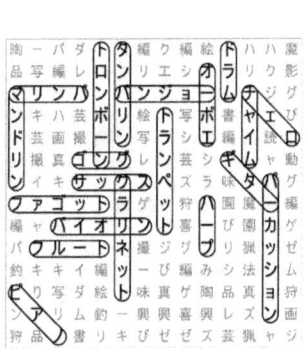

### 55 - Cooking Tools

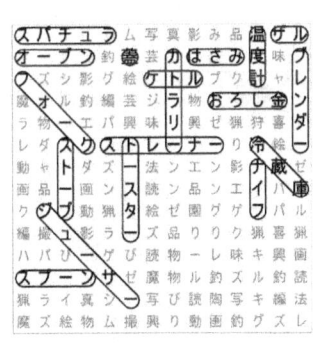

### 56 - Fruit

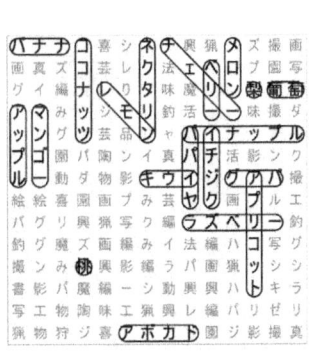

### 57 - Kitchen

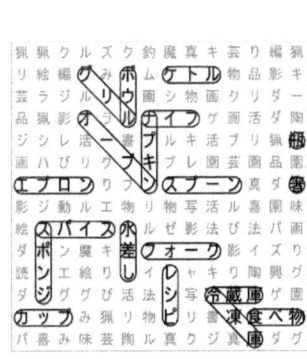

### 58 - Art Supplies

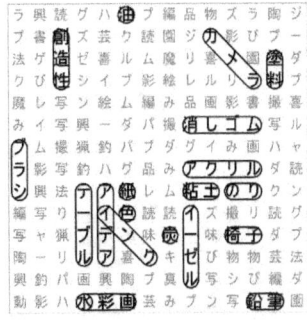

### 59 - Science Fiction

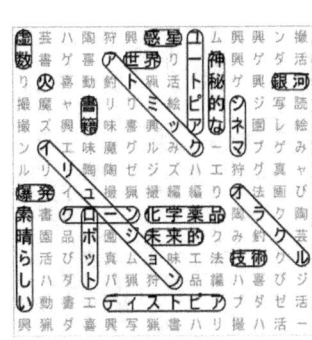

### 60 - Airplanes

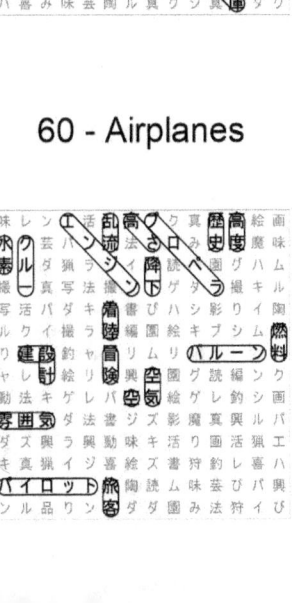

### 61 - Ocean
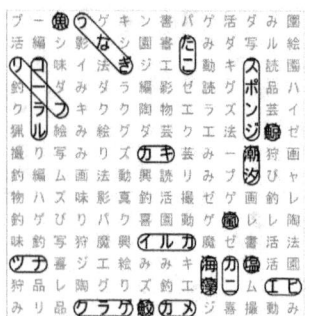

### 62 - Birds
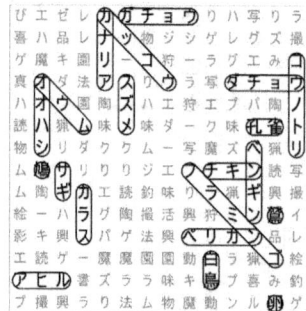

### 63 - Art
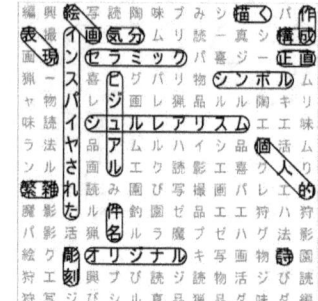

### 64 - Nutrition

### 65 - Hiking
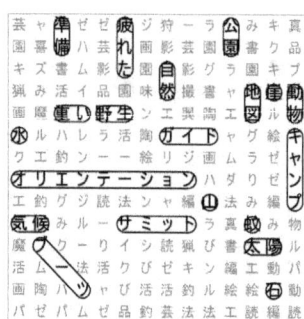

### 66 - Professions #1
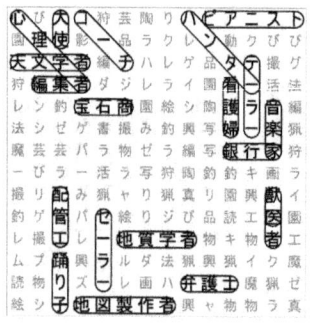

### 67 - Dinosaurs
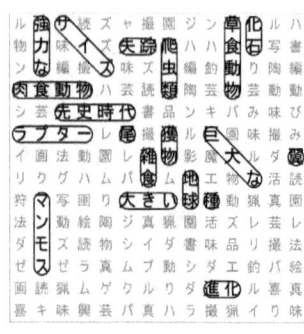

### 68 - Barbecues

### 69 - Surfing
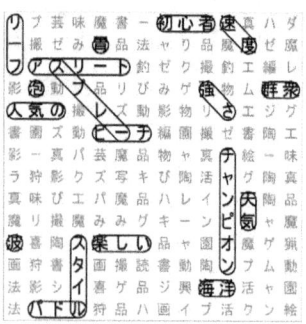

### 70 - Chocolate
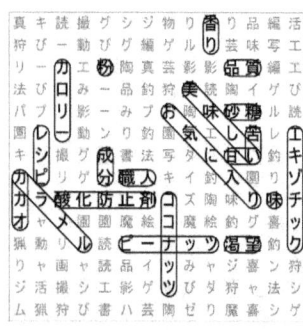

### 71 - Vegetables
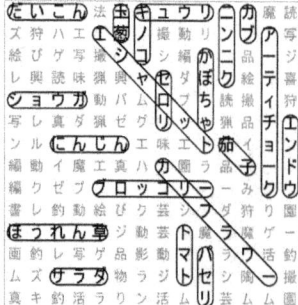

### 72 - Boats
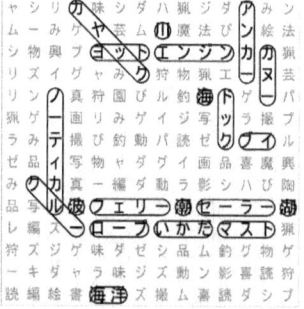

## 73 - Activities and Leisure

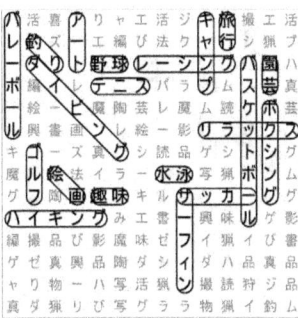

## 74 - Driving

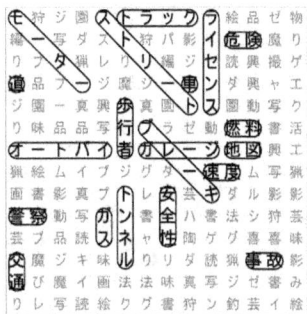

## 75 - Professions #2

## 76 - Emotions

## 77 - Mythology

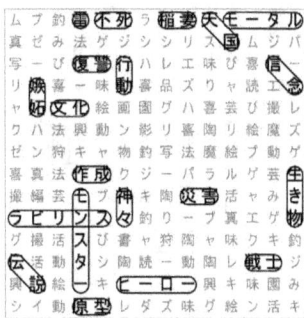

## 78 - Hair Types

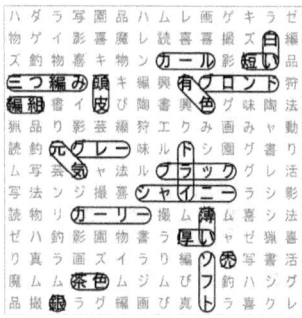

## 79 - Furniture

## 80 - Garden

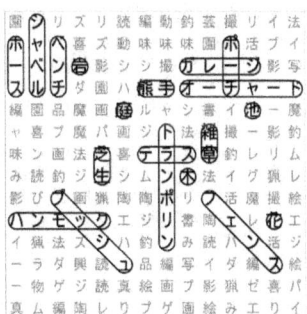

## 81 - Birthday

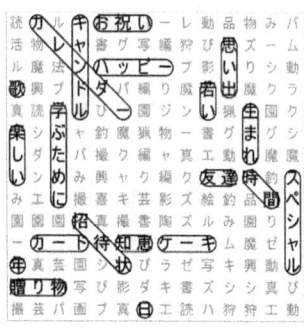

## 82 - Beach

## 83 - Adjectives #1

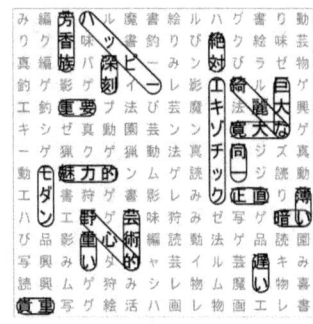

## 84 - Rainforest

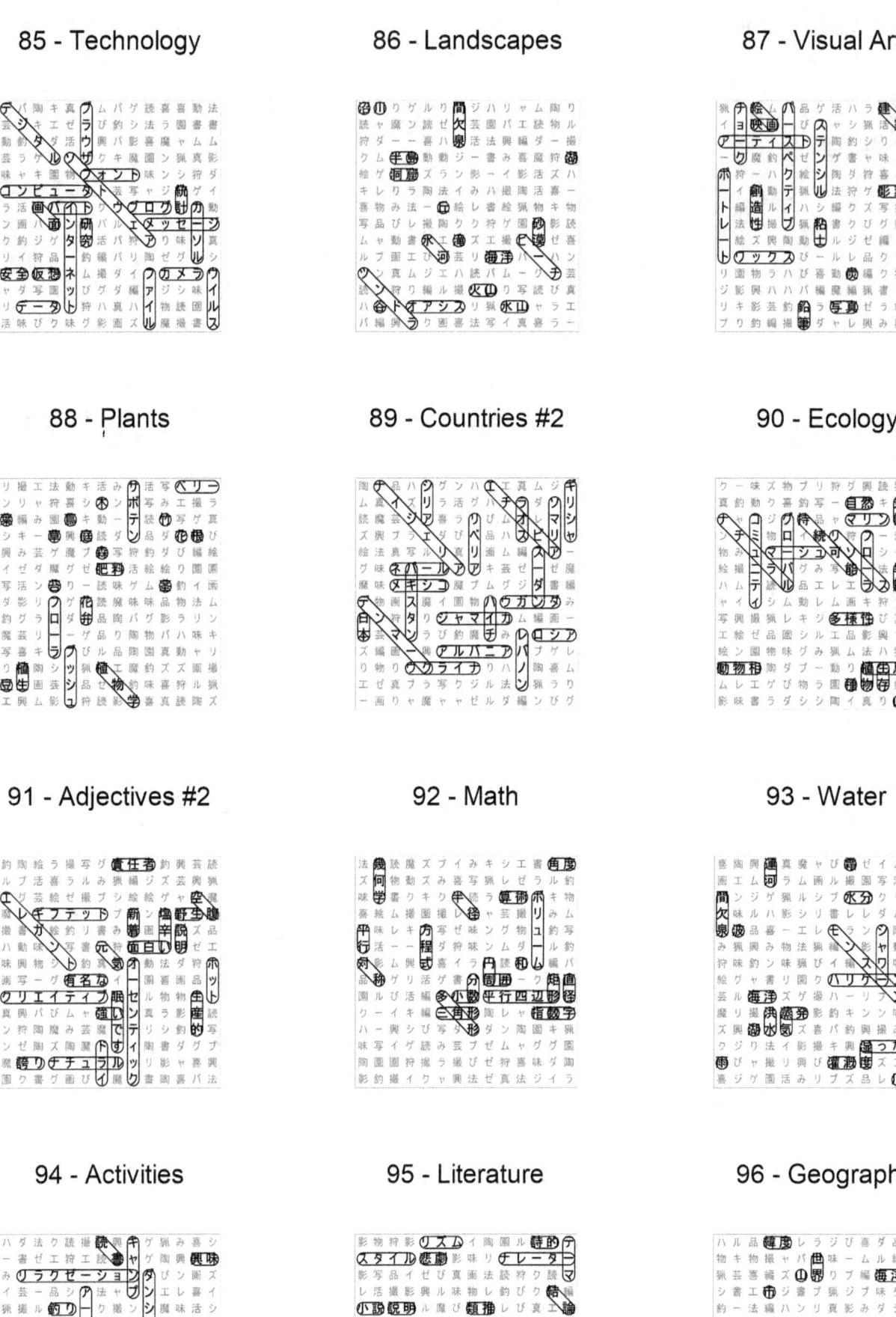

## 97 - Pets

## 98 - Nature

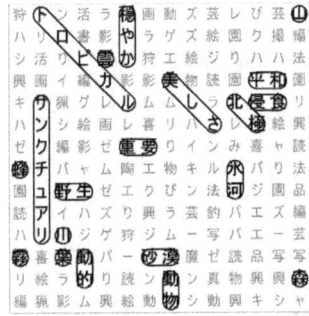

## 99 - Championship

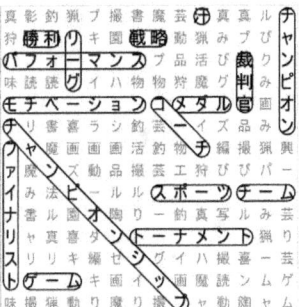

## 100 - Vacation #2

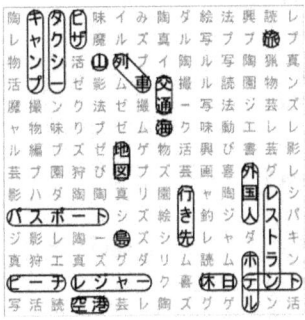

# Dictionary

## Activities
アクティビティ

| | |
|---|---|
| Activity | 活動 |
| Art | アート |
| Camping | キャンプ |
| Crafts | 工芸品 |
| Dancing | ダンシング |
| Fishing | 釣り |
| Games | ゲーム |
| Gardening | 園芸 |
| Hiking | ハイキング |
| Hunting | 狩猟 |
| Interests | 興味 |
| Knitting | 編み物 |
| Leisure | レジャー |
| Magic | 魔法 |
| Photography | 写真撮影 |
| Pleasure | 喜び |
| Reading | 読書 |
| Relaxation | リラクゼーション |
| Sewing | 縫製 |
| Skill | スキル |

## Activities and Leisure
アクティビティとレジャー

| | |
|---|---|
| Art | アート |
| Baseball | 野球 |
| Basketball | バスケットボール |
| Boxing | ボクシング |
| Camping | キャンプ |
| Diving | ダイビング |
| Fishing | 釣り |
| Gardening | 園芸 |
| Golf | ゴルフ |
| Hiking | ハイキング |
| Hobbies | 趣味 |
| Painting | 絵画 |
| Racing | レーシング |
| Relaxing | リラックス |
| Soccer | サッカー |
| Surfing | サーフィン |
| Swimming | 水泳 |
| Tennis | テニス |
| Travel | 旅行 |
| Volleyball | バレーボール |

## Adjectives #1
形容詞 #1

| | |
|---|---|
| Absolute | 絶対 |
| Ambitious | 野心的 |
| Aromatic | 芳香族 |
| Artistic | 芸術的 |
| Attractive | 魅力的 |
| Beautiful | 綺麗な |
| Dark | 暗い |
| Exotic | エキゾチック |
| Generous | 寛大な |
| Happy | ハッピー |
| Heavy | 重い |
| Honest | 正直 |
| Huge | 巨大な |
| Identical | 同一 |
| Important | 重要 |
| Modern | モダン |
| Serious | 深刻 |
| Slow | 遅い |
| Thin | 薄い |
| Valuable | 貴重 |

## Adjectives #2
形容詞 #2

| | |
|---|---|
| Authentic | オーセンティック |
| Creative | クリエイティブ |
| Descriptive | 説明 |
| Dry | ドライ |
| Elegant | エレガント |
| Famous | 有名な |
| Gifted | ギフテッド |
| Healthy | 元気 |
| Hot | ホット |
| Hungry | 空腹 |
| Interesting | 面白い |
| Natural | ナチュラル |
| New | 新着 |
| Productive | 生産的 |
| Proud | 誇り |
| Responsible | 責任者 |
| Salty | 塩辛い |
| Sleepy | 眠いです |
| Strong | 強い |
| Wild | 野生 |

## Adventure
アドベンチャー

| | |
|---|---|
| Activity | 活動 |
| Beauty | 美しさ |
| Bravery | 勇気 |
| Challenges | 課題 |
| Chance | チャンス |
| Dangerous | 危険な |
| Destination | 行き先 |
| Difficulty | 困難 |
| Enthusiasm | 熱意 |
| Excursion | 遠足 |
| Friends | 友達 |
| Itinerary | 旅程 |
| Joy | 喜び |
| Nature | 自然 |
| Navigation | ナビゲーション |
| New | 新着 |
| Opportunity | 機会 |
| Preparation | 準備 |
| Safety | 安全性 |
| Unusual | 珍しい |

## Airplanes
飛行機

| | |
|---|---|
| Adventure | 冒険 |
| Air | 空気 |
| Altitude | 高度 |
| Atmosphere | 雰囲気 |
| Balloon | バルーン |
| Construction | 建設 |
| Crew | クルー |
| Descent | 降下 |
| Design | 設計 |
| Engine | エンジン |
| Fuel | 燃料 |
| Height | 高さ |
| History | 歴史 |
| Hydrogen | 水素 |
| Landing | 着陸 |
| Passenger | 旅客 |
| Pilot | パイロット |
| Propellers | プロペラ |
| Sky | 空 |
| Turbulence | 乱流 |

## Antarctica
## 南極大陸

| | |
|---|---|
| Bay | ベイ |
| Birds | 鳥 |
| Clouds | 雲 |
| Conservation | 保全 |
| Continent | 大陸 |
| Cove | 入り江 |
| Environment | 環境 |
| Expedition | 遠征 |
| Geography | 地理 |
| Glaciers | 氷河 |
| Ice | 氷 |
| Islands | 島 |
| Migration | 移行 |
| Peninsula | 半島 |
| Researcher | 研究者 |
| Rocky | ロッキー |
| Scientific | 科学的 |
| Temperature | 温度 |
| Topography | 地形 |
| Water | 水 |

## Art
## 美術

| | |
|---|---|
| Ceramic | セラミック |
| Complex | 繁雑 |
| Composition | 構成 |
| Create | 作成 |
| Expression | 表現 |
| Honest | 正直 |
| Inspired | インスパイヤされた |
| Mood | 気分 |
| Original | オリジナル |
| Paintings | 絵画 |
| Personal | 個人的 |
| Poetry | 詩 |
| Portray | 描く |
| Sculpture | 彫刻 |
| Subject | 件名 |
| Surrealism | シュルレアリスム |
| Symbol | シンボル |
| Visual | ビジュアル |

## Art Supplies
## アートサプライ

| | |
|---|---|
| Acrylic | アクリル |
| Brushes | ブラシ |
| Camera | カメラ |
| Chair | 椅子 |
| Charcoal | 炭 |
| Clay | 粘土 |
| Colors | 色 |
| Creativity | 創造性 |
| Easel | イーゼル |
| Eraser | 消しゴム |
| Glue | のり |
| Ideas | アイデア |
| Ink | インク |
| Oil | 油 |
| Paints | 塗料 |
| Paper | 紙 |
| Pencils | 鉛筆 |
| Table | テーブル |
| Water | 水 |
| Watercolors | 水彩画 |

## Astronomy
## 天文学

| | |
|---|---|
| Asteroid | 小惑星 |
| Astronaut | 宇宙飛行士 |
| Astronomer | 天文学者 |
| Constellation | 星座 |
| Earth | 地球 |
| Eclipse | 食 |
| Equinox | 春分 |
| Galaxy | 銀河 |
| Meteor | 流星 |
| Moon | 月 |
| Nebula | 星雲 |
| Observatory | 天文台 |
| Planet | 惑星 |
| Radiation | 放射線 |
| Rocket | ロケット |
| Satellite | 衛星 |
| Sky | 空 |
| Solar | 太陽 |
| Supernova | 超新星 |
| Zodiac | ゾディアック |

## Ballet
## バレエ

| | |
|---|---|
| Applause | 拍手 |
| Artistic | 芸術的 |
| Ballerina | バレリーナ |
| Choreography | 振り付け |
| Composer | 作曲家 |
| Dancers | ダンサー |
| Expressive | 表現力豊かな |
| Gesture | ジェスチャー |
| Intensity | 強度 |
| Lessons | レッスン |
| Muscles | 筋肉 |
| Music | 音楽 |
| Orchestra | オーケストラ |
| Practice | 練習 |
| Rehearsal | リハーサル |
| Rhythm | リズム |
| Skill | スキル |
| Solo | ソロ |
| Style | スタイル |
| Technique | 技術 |

## Barbecues
## バーベキュー

| | |
|---|---|
| Chicken | チキン |
| Children | 子供達 |
| Dinner | 夕食 |
| Family | 家族 |
| Food | 食べ物 |
| Forks | フォーク |
| Friends | 友達 |
| Fruit | フルーツ |
| Games | ゲーム |
| Grill | グリル |
| Hot | ホット |
| Hunger | 飢餓 |
| Knives | ナイフ |
| Music | 音楽 |
| Salads | サラダ |
| Salt | 塩 |
| Sauce | ソース |
| Summer | 夏 |
| Tomatoes | トマト |
| Vegetables | 野菜 |

## Bathroom
## バスルーム

| | |
|---|---|
| Bath | 浴 |
| Bubbles | 泡 |
| Faucet | 蛇口 |
| Lotion | ローション |
| Mirror | 鏡 |
| Perfume | 香水 |
| Rug | ラグ |
| Scissors | はさみ |
| Shampoo | シャンプー |
| Shower | シャワー |
| Soap | 石鹸 |
| Sponge | スポンジ |
| Steam | 蒸気 |
| Toilet | トイレ |
| Towel | タオル |
| Water | 水 |

## Beach
## ビーチ

| | |
|---|---|
| Blue | 青 |
| Boat | ボート |
| Coast | 海岸 |
| Crab | カニ |
| Dock | ドック |
| Island | 島 |
| Lagoon | ラグーン |
| Ocean | 海洋 |
| Reef | リーフ |
| Sailboat | ヨット |
| Sand | 砂 |
| Sandals | サンダル |
| Sea | 海 |
| Shells | シェル |
| Sun | 太陽 |
| Towel | タオル |
| Umbrella | 傘 |
| Vacation | 休暇 |

## Bees
## ミツバチ

| | |
|---|---|
| Beneficial | 有益 |
| Blossom | 花 |
| Diversity | 多様性 |
| Ecosystem | 生態系 |
| Food | 食べ物 |
| Fruit | フルーツ |
| Garden | 庭 |
| Habitat | 生息地 |
| Hive | 巣箱 |
| Honey | 蜂蜜 |
| Insect | 昆虫 |
| Plants | 植物 |
| Pollen | 花粉 |
| Pollinator | 花粉媒介者 |
| Queen | 女王 |
| Smoke | 煙 |
| Sun | 太陽 |
| Swarm | 群れ |
| Wax | ワックス |
| Wings | 翼 |

## Birds
## 鳥類

| | |
|---|---|
| Canary | カナリア |
| Chicken | チキン |
| Crow | カラス |
| Cuckoo | カッコウ |
| Dove | 鳩 |
| Duck | アヒル |
| Eagle | 鷲 |
| Egg | 卵 |
| Flamingo | フラミンゴ |
| Goose | ガチョウ |
| Heron | サギ |
| Ostrich | ダチョウ |
| Parrot | オウム |
| Peacock | 孔雀 |
| Pelican | ペリカン |
| Penguin | ペンギン |
| Sparrow | スズメ |
| Stork | コウノトリ |
| Swan | 白鳥 |
| Toucan | オオハシ |

## Birthday
## 誕生日

| | |
|---|---|
| Born | 生まれ |
| Cake | ケーキ |
| Calendar | カレンダー |
| Candles | キャンドル |
| Cards | カード |
| Celebration | お祝い |
| Day | 日 |
| Friends | 友達 |
| Fun | 楽しい |
| Gift | 贈り物 |
| Happy | ハッピー |
| Invitations | 招待状 |
| Memories | 思い出 |
| Song | 歌 |
| Special | スペシャル |
| Time | 時間 |
| To Learn | 学ぶために |
| Wisdom | 知恵 |
| Year | 年 |
| Young | 若い |

## Boats
## ボート

| | |
|---|---|
| Anchor | アンカー |
| Buoy | ブイ |
| Canoe | カヌー |
| Crew | クルー |
| Dock | ドック |
| Engine | エンジン |
| Ferry | フェリー |
| Kayak | カヤック |
| Lake | 湖 |
| Mast | マスト |
| Nautical | ノーティカル |
| Ocean | 海洋 |
| Raft | いかだ |
| River | 川 |
| Rope | ロープ |
| Sailor | セーラー |
| Sea | 海 |
| Tide | 潮 |
| Waves | 波 |
| Yacht | ヨット |

## Books
書籍

| | |
|---|---|
| Adventure | 冒険 |
| Author | 著者 |
| Character | キャラクター |
| Collection | コレクション |
| Duality | 二重性 |
| Epic | エピック |
| Historical | 歴史的 |
| Humorous | ユーモラス |
| Inventive | 発明 |
| Literary | 文学 |
| Narrator | ナレーター |
| Novel | 小説 |
| Page | ページ |
| Poetry | 詩 |
| Reader | 読者 |
| Relevant | 関連する |
| Series | シリーズ |
| Story | ストーリー |
| Tragic | 悲劇的 |
| Written | 書かれた |

## Buildings
建物

| | |
|---|---|
| Apartment | アパート |
| Barn | 納屋 |
| Cabin | キャビン |
| Castle | 城 |
| Cinema | シネマ |
| Embassy | 大使館 |
| Factory | 工場 |
| Hospital | 病院 |
| Hostel | ホステル |
| Hotel | ホテル |
| Laboratory | 研究室 |
| Museum | 博物館 |
| Observatory | 天文台 |
| School | 学校 |
| Stadium | スタジアム |
| Supermarket | スーパーマーケット |
| Tent | テント |
| Theater | 劇場 |
| Tower | タワー |
| University | 大学 |

## Camping
キャンプ

| | |
|---|---|
| Adventure | 冒険 |
| Animals | 動物 |
| Cabin | キャビン |
| Canoe | カヌー |
| Compass | コンパス |
| Fire | 火 |
| Forest | 森 |
| Fun | 楽しい |
| Hammock | ハンモック |
| Hat | 帽子 |
| Hunting | 狩猟 |
| Insect | 昆虫 |
| Lake | 湖 |
| Map | 地図 |
| Moon | 月 |
| Mountain | 山 |
| Nature | 自然 |
| Rope | ロープ |
| Tent | テント |
| Trees | 木 |

## Castles
お城

| | |
|---|---|
| Armor | 鎧 |
| Catapult | カタパルト |
| Crown | クラウン |
| Dragon | ドラゴン |
| Dungeon | ダンジョン |
| Dynasty | 王朝 |
| Empire | 帝国 |
| Feudal | 封建 |
| Horse | 馬 |
| Kingdom | 王国 |
| Knight | 騎士 |
| Noble | ノーブル |
| Palace | 宮殿 |
| Prince | 王子 |
| Princess | 王女 |
| Shield | シールド |
| Sword | 剣 |
| Tower | タワー |
| Unicorn | ユニコーン |
| Wall | 壁 |

## Championship
チャンピオンシップ

| | |
|---|---|
| Champion | チャンピオン |
| Championship | チャンピオンシップ |
| Coach | コーチ |
| Finalist | ファイナリスト |
| Games | ゲーム |
| Judge | 裁判官 |
| League | リーグ |
| Medal | メダル |
| Motivation | モチベーション |
| Performance | パフォーマンス |
| Perspiration | 汗 |
| Sports | スポーツ |
| Strategy | 戦略 |
| Team | チーム |
| Tournament | トーナメント |
| Victory | 勝利 |

## Chess
チェス

| | |
|---|---|
| Black | ブラック |
| Challenges | 課題 |
| Champion | チャンピオン |
| Clever | 賢い |
| Contest | コンテスト |
| Diagonal | 対角 |
| Game | ゲーム |
| King | キング |
| Opponent | 相手 |
| Passive | パッシブ |
| Player | プレーヤー |
| Points | ポイント |
| Queen | 女王 |
| Rules | ルール |
| Sacrifice | 犠牲 |
| Strategy | 戦略 |
| Time | 時間 |
| To Learn | 学ぶために |
| Tournament | トーナメント |
| White | 白い |

## Chocolate
チョコレート

| | |
|---|---|
| Antioxidant | 酸化防止剤 |
| Aroma | 香り |
| Artisanal | 職人 |
| Bitter | 苦い |
| Cacao | カカオ |
| Calories | カロリー |
| Caramel | カラメル |
| Coconut | ココナッツ |
| Craving | 渇望 |
| Delicious | 美味しい |
| Exotic | エキゾチック |
| Favorite | お気に入り |
| Ingredient | 成分 |
| Peanuts | ピーナッツ |
| Powder | 粉 |
| Quality | 品質 |
| Recipe | レシピ |
| Sugar | 砂糖 |
| Sweet | 甘い |
| Taste | 味 |

## Circus
サーカス

| | |
|---|---|
| Acrobat | アクロバット |
| Animals | 動物 |
| Balloons | 風船 |
| Clown | ピエロ |
| Costume | コスチューム |
| Elephant | 象 |
| Juggler | ジャグラー |
| Lion | ライオン |
| Magic | 魔法 |
| Monkey | 猿 |
| Music | 音楽 |
| Parade | パレード |
| Spectacular | 壮観な |
| Spectator | 観客 |
| Tent | テント |
| Ticket | チケット |
| Tiger | 虎 |
| Trick | トリック |

## Climbing
クライミング

| | |
|---|---|
| Altitude | 高度 |
| Atmosphere | 雰囲気 |
| Boots | ブーツ |
| Cave | 洞窟 |
| Challenges | 課題 |
| Curiosity | 好奇心 |
| Expert | 専門家 |
| Gloves | 手袋 |
| Guides | ガイド |
| Helmet | ヘルメット |
| Hiking | ハイキング |
| Injury | 怪我 |
| Map | 地図 |
| Narrow | 狭い |
| Stability | 安定性 |
| Strength | 強さ |
| Terrain | 地形 |
| Training | トレーニング |

## Clothes
洋服

| | |
|---|---|
| Apron | エプロン |
| Belt | ベルト |
| Blouse | ブラウス |
| Bracelet | ブレスレット |
| Coat | コート |
| Dress | ドレス |
| Fashion | ファッション |
| Gloves | 手袋 |
| Hat | 帽子 |
| Jacket | ジャケット |
| Jeans | ジーンズ |
| Jewelry | ジュエリー |
| Pajamas | パジャマ |
| Pants | パンツ |
| Sandals | サンダル |
| Scarf | スカーフ |
| Shirt | シャツ |
| Shoe | 靴 |
| Skirt | スカート |
| Sweater | セーター |

## Colors
[色]

| | |
|---|---|
| Azure | 紺碧 |
| Beige | ベージュ |
| Black | ブラック |
| Blue | 青 |
| Brown | 茶色 |
| Crimson | クリムゾン |
| Cyan | シアン |
| Fuchsia | フクシア |
| Green | 緑 |
| Grey | グレー |
| Indigo | インジゴ |
| Magenta | マゼンタ |
| Orange | オレンジ |
| Pink | ピンク |
| Purple | 紫 |
| Red | 赤 |
| Sepia | セピア |
| Violet | バイオレット |
| White | 白い |
| Yellow | 黄色 |

## Conservation
保全

| | |
|---|---|
| Chemicals | 化学薬品 |
| Climate | 気候 |
| Concern | 懸念 |
| Cycle | サイクル |
| Ecosystem | 生態系 |
| Education | 教育 |
| Environmental | 環境 |
| Green | 緑 |
| Habitat | 生息地 |
| Health | 健康 |
| Natural | ナチュラル |
| Organic | 有機 |
| Pesticide | 農薬 |
| Pollution | 汚染 |
| Recycle | リサイクル |
| Reduce | 削減 |
| Sustainable | 持続可能 |
| Volunteer | ボランティア |
| Water | 水 |

## Cooking Tools
クッキングツール

| | |
|---|---|
| Blender | ブレンダー |
| Colander | ザル |
| Cutlery | カトラリー |
| Fork | フォーク |
| Grater | おろし金 |
| Juicer | ジューサー |
| Kettle | ケトル |
| Knife | ナイフ |
| Lid | 蓋 |
| Oven | オーブン |
| Refrigerator | 冷蔵庫 |
| Scissors | はさみ |
| Spatula | スパチュラ |
| Spoon | スプーン |
| Stove | ストーブ |
| Strainer | ストレーナー |
| Thermometer | 温度計 |
| Toaster | トースター |

## Countries #2
国 #2

| | |
|---|---|
| Albania | アルバニア |
| Denmark | デンマーク |
| Ethiopia | エチオピア |
| Greece | ギリシャ |
| Haiti | ハイチ |
| Jamaica | ジャマイカ |
| Japan | 日本 |
| Laos | ラオス |
| Lebanon | レバノン |
| Liberia | リベリア |
| Mexico | メキシコ |
| Nepal | ネパール |
| Nigeria | ナイジェリア |
| Pakistan | パキスタン |
| Russia | ロシア |
| Somalia | ソマリア |
| Sudan | スーダン |
| Syria | シリア |
| Uganda | ウガンダ |
| Ukraine | ウクライナ |

## Dance
ダンス

| | |
|---|---|
| Academy | アカデミー |
| Art | アート |
| Body | 体 |
| Choreography | 振り付け |
| Classical | クラシック |
| Culture | 文化 |
| Emotion | 感情 |
| Expressive | 表現力豊かな |
| Movement | 動き |
| Music | 音楽 |
| Partner | パートナー |
| Posture | 姿勢 |
| Rehearsal | リハーサル |
| Rhythm | リズム |
| Traditional | 伝統的 |
| Visual | ビジュアル |

## Days and Months
日と月

| | |
|---|---|
| April | エイプリル |
| August | 八月 |
| Calendar | カレンダー |
| February | 二月 |
| Friday | 金曜日 |
| July | 七月 |
| June | 六月 |
| March | 行進 |
| May | 五月 |
| Monday | 月曜日 |
| Month | 月 |
| November | 十一月 |
| Saturday | 土曜日 |
| September | セプテンバー |
| Sunday | 日曜日 |
| Thursday | 木曜日 |
| Tuesday | 火曜日 |
| Wednesday | 水曜日 |
| Week | 週 |
| Year | 年 |

## Dinosaurs
恐竜

| | |
|---|---|
| Carnivore | 肉食動物 |
| Disappearance | 失踪 |
| Earth | 地球 |
| Enormous | 巨大な |
| Evolution | 進化 |
| Fossils | 化石 |
| Herbivore | 草食動物 |
| Large | 大きい |
| Mammoth | マンモス |
| Omnivore | 雑食 |
| Powerful | 強力な |
| Prehistoric | 先史時代 |
| Prey | 獲物 |
| Raptor | ラプター |
| Reptile | 爬虫類 |
| Size | サイズ |
| Species | 種 |
| Tail | 尾 |
| Wings | 翼 |

## Driving
運転

| | |
|---|---|
| Accident | 事故 |
| Brakes | ブレーキ |
| Car | 車 |
| Danger | 危険 |
| Fuel | 燃料 |
| Garage | ガレージ |
| Gas | ガス |
| License | ライセンス |
| Map | 地図 |
| Motor | モーター |
| Motorcycle | オートバイ |
| Pedestrian | 歩行者 |
| Police | 警察 |
| Road | 道 |
| Safety | 安全性 |
| Speed | 速度 |
| Street | ストリート |
| Traffic | 交通 |
| Truck | トラック |
| Tunnel | トンネル |

## Ecology
エコロジー

| | |
|---|---|
| Climate | 気候 |
| Communities | コミュニティ |
| Diversity | 多様性 |
| Drought | 旱魃 |
| Fauna | 動物相 |
| Flora | フローラ |
| Global | グローバル |
| Habitat | 生息地 |
| Marine | マリン |
| Marsh | マーシュ |
| Mountains | 山 |
| Natural | ナチュラル |
| Nature | 自然 |
| Plants | 植物 |
| Resources | リソース |
| Species | 種 |
| Survival | 生存 |
| Sustainable | 持続可能 |
| Vegetation | 植生 |
| Volunteers | ボランティア |

## Emotions
感情

| | |
|---|---|
| Anger | 怒り |
| Bliss | 至福 |
| Boredom | 退屈 |
| Content | コンテンツ |
| Embarrassed | 恥ずかしい |
| Fear | 恐怖 |
| Grateful | 感謝しています |
| Joy | 喜び |
| Kindness | 親切 |
| Love | 愛 |
| Peace | 平和 |
| Relief | 安心 |
| Sadness | 悲しみ |
| Satisfied | 満足 |
| Sympathy | 同情 |
| Tenderness | 優しさ |
| Tranquility | 静けさ |

## Exploration
探検

| | |
|---|---|
| Activity | 活動 |
| Animals | 動物 |
| Courage | 勇気 |
| Cultures | 文化 |
| Determination | 決定 |
| Discovery | 発見 |
| Distant | 遠い |
| Excitement | 興奮 |
| Language | 言語 |
| New | 新着 |
| Space | スペース |
| Terrain | 地形 |
| To Learn | 学ぶために |
| Travel | 旅行 |
| Unknown | 不明 |
| Wild | 野生 |

## Family
ファミリー

| | |
|---|---|
| Ancestor | 祖先 |
| Aunt | 叔母 |
| Brother | 兄弟 |
| Child | 子供 |
| Childhood | 子供の頃 |
| Children | 子供達 |
| Cousin | いとこ |
| Daughter | 娘 |
| Father | 父 |
| Grandchild | 孫 |
| Grandfather | 祖父 |
| Husband | 夫 |
| Maternal | 母性 |
| Mother | 母 |
| Nephew | 甥 |
| Niece | 姪 |
| Paternal | 父方の |
| Sister | 姉妹 |
| Uncle | 叔父 |
| Wife | 妻 |

## Farm #1
ファーム #1

| | |
|---|---|
| Agriculture | 農業 |
| Bee | 蜂 |
| Bison | バイソン |
| Calf | ふくらはぎ |
| Cat | 猫 |
| Chicken | チキン |
| Cow | 牛 |
| Crow | カラス |
| Dog | 犬 |
| Donkey | ロバ |
| Fence | フェンス |
| Fertilizer | 肥料 |
| Field | フィールド |
| Goat | ヤギ |
| Hay | ヘイ |
| Honey | 蜂蜜 |
| Horse | 馬 |
| Rice | 米 |
| Seeds | 種子 |
| Water | 水 |

## Farm #2
ファーム #2

| | |
|---|---|
| Animals | 動物 |
| Barley | オオムギ |
| Barn | 納屋 |
| Corn | コーン |
| Duck | アヒル |
| Farmer | 農家 |
| Food | 食べ物 |
| Fruit | フルーツ |
| Irrigation | 灌漑 |
| Lamb | 子羊 |
| Llama | ラマ |
| Meadow | 牧草地 |
| Milk | ミルク |
| Orchard | オーチャード |
| Sheep | 羊 |
| Shepherd | 羊飼い |
| Tractor | トラクター |
| Vegetable | 野菜 |
| Wheat | 小麦 |
| Windmill | 風車 |

## Fishing
### 釣り

| | |
|---|---|
| Bait | 餌 |
| Basket | バスケット |
| Beach | ビーチ |
| Boat | ボート |
| Exaggeration | 過言 |
| Fins | フィン |
| Gills | えら |
| Hook | フック |
| Jaw | 顎 |
| Lake | 湖 |
| Ocean | 海洋 |
| Patience | 忍耐 |
| River | 川 |
| Season | 季節 |
| Water | 水 |
| Weight | 重さ |
| Wire | ワイヤー |

## Flowers
### 花々

| | |
|---|---|
| Bouquet | 花束 |
| Clover | クローバー |
| Daisy | デイジー |
| Dandelion | タンポポ |
| Gardenia | クチナシ |
| Hibiscus | ハイビスカス |
| Jasmine | ジャスミン |
| Lavender | ラベンダー |
| Lilac | ライラック |
| Lily | 百合 |
| Magnolia | マグノリア |
| Orchid | 蘭 |
| Passionflower | トケイソウ |
| Peony | 牡丹 |
| Petal | 花弁 |
| Plumeria | プルメリア |
| Poppy | ポピー |
| Sunflower | ひまわり |
| Tulip | チューリップ |

## Food #1
### 食べ物 #1

| | |
|---|---|
| Apricot | アプリコット |
| Barley | オオムギ |
| Basil | バジル |
| Carrot | にんじん |
| Cinnamon | シナモン |
| Garlic | ニンニク |
| Juice | ジュース |
| Lemon | レモン |
| Milk | ミルク |
| Onion | 玉葱 |
| Peanut | 落花生 |
| Pear | 梨 |
| Salad | サラダ |
| Salt | 塩 |
| Soup | スープ |
| Spinach | ほうれん草 |
| Strawberry | 苺 |
| Sugar | 砂糖 |
| Tuna | ツナ |
| Turnip | カブ |

## Food #2
### 食べ物 #2

| | |
|---|---|
| Apple | アップル |
| Artichoke | アーティチョーク |
| Banana | バナナ |
| Broccoli | ブロッコリー |
| Celery | セロリ |
| Cheese | チーズ |
| Cherry | チェリー |
| Chicken | チキン |
| Chocolate | チョコレート |
| Egg | 卵 |
| Eggplant | 茄子 |
| Fish | 魚 |
| Grape | 葡萄 |
| Ham | ハム |
| Kiwi | キウイ |
| Mushroom | キノコ |
| Rice | 米 |
| Tomato | トマト |
| Wheat | 小麦 |
| Yogurt | ヨーグルト |

## Fruit
### フルーツ

| | |
|---|---|
| Apple | アップル |
| Apricot | アプリコット |
| Avocado | アボカド |
| Banana | バナナ |
| Berry | ベリー |
| Cherry | チェリー |
| Coconut | ココナッツ |
| Fig | イチジク |
| Grape | 葡萄 |
| Guava | グアバ |
| Kiwi | キウイ |
| Lemon | レモン |
| Mango | マンゴー |
| Melon | メロン |
| Nectarine | ネクタリン |
| Papaya | パパイヤ |
| Peach | 桃 |
| Pear | 梨 |
| Pineapple | パイナップル |
| Raspberry | ラズベリー |

## Furniture
### 家具

| | |
|---|---|
| Armchair | アームチェア |
| Armoire | 戸棚 |
| Bed | ベッド |
| Bench | ベンチ |
| Bookcase | 本棚 |
| Chair | 椅子 |
| Comforters | 掛け布団 |
| Couch | ソファ |
| Curtains | カーテン |
| Cushions | クッション |
| Desk | 机 |
| Dresser | ドレッサー |
| Futon | 布団 |
| Hammock | ハンモック |
| Lamp | ランプ |
| Mattress | マットレス |
| Mirror | 鏡 |
| Pillow | 枕 |
| Rug | ラグ |
| Shelves | 棚 |

## Garden
ガーデン

| | |
|---|---|
| Bench | ベンチ |
| Bush | ブッシュ |
| Fence | フェンス |
| Flower | 花 |
| Garage | ガレージ |
| Garden | 庭 |
| Grass | 草 |
| Hammock | ハンモック |
| Hose | ホース |
| Lawn | 芝生 |
| Orchard | オーチャード |
| Pond | 池 |
| Porch | ポーチ |
| Rake | 熊手 |
| Rocks | 岩 |
| Shovel | シャベル |
| Terrace | テラス |
| Trampoline | トランポリン |
| Tree | 木 |
| Weeds | 雑草 |

## Geography
地理学

| | |
|---|---|
| Altitude | 高度 |
| Atlas | アトラス |
| City | 市 |
| Continent | 大陸 |
| Country | 国 |
| Hemisphere | 半球 |
| Island | 島 |
| Latitude | 緯度 |
| Map | 地図 |
| Meridian | 子午線 |
| Mountain | 山 |
| North | 北 |
| Ocean | 海洋 |
| Region | 領域 |
| River | 川 |
| Sea | 海 |
| South | 南 |
| Territory | 地域 |
| West | 西 |
| World | 世界 |

## Geology
地質学

| | |
|---|---|
| Acid | 酸 |
| Calcium | カルシウム |
| Cavern | 洞窟 |
| Continent | 大陸 |
| Coral | コーラル |
| Crystals | 結晶 |
| Cycles | サイクル |
| Earthquake | 地震 |
| Erosion | 侵食 |
| Fossil | 化石 |
| Geyser | 間欠泉 |
| Lava | 溶岩 |
| Layer | 層 |
| Minerals | ミネラル |
| Plateau | 高原 |
| Quartz | 石英 |
| Salt | 塩 |
| Stalactite | 鍾乳石 |
| Stone | 石 |
| Volcano | 火山 |

## Hair Types
ヘアタイプ

| | |
|---|---|
| Bald | 禿 |
| Black | ブラック |
| Blond | ブロンド |
| Braided | 編組 |
| Braids | 三つ編み |
| Brown | 茶色 |
| Colored | 有色 |
| Curls | カール |
| Curly | カーリー |
| Dry | ドライ |
| Gray | グレー |
| Healthy | 元気 |
| Scalp | 頭皮 |
| Shiny | シャイニー |
| Short | 短い |
| Silver | 銀 |
| Soft | ソフト |
| Thick | 厚い |
| Thin | 薄い |
| White | 白い |

## Herbalism
本草学

| | |
|---|---|
| Aromatic | 芳香族 |
| Basil | バジル |
| Beneficial | 有益 |
| Culinary | 料理 |
| Fennel | フェンネル |
| Flavor | 味 |
| Flower | 花 |
| Garden | 庭 |
| Garlic | ニンニク |
| Green | 緑 |
| Ingredient | 成分 |
| Lavender | ラベンダー |
| Marjoram | マージョラム |
| Mint | ミント |
| Oregano | オレガノ |
| Parsley | パセリ |
| Plant | 植物 |
| Rosemary | ローズマリー |
| Saffron | サフラン |
| Tarragon | タラゴン |

## Hiking
ハイキング

| | |
|---|---|
| Animals | 動物 |
| Boots | ブーツ |
| Camping | キャンプ |
| Cliff | 崖 |
| Climate | 気候 |
| Guides | ガイド |
| Heavy | 重い |
| Map | 地図 |
| Mosquitoes | 蚊 |
| Mountain | 山 |
| Nature | 自然 |
| Orientation | オリエンテーション |
| Parks | 公園 |
| Preparation | 準備 |
| Stones | 石 |
| Summit | サミット |
| Sun | 太陽 |
| Tired | 疲れた |
| Water | 水 |
| Wild | 野生 |

## House
ハウス

| | |
|---|---|
| Attic | 屋根裏 |
| Broom | ほうき |
| Curtains | カーテン |
| Door | ドア |
| Fence | フェンス |
| Fireplace | 暖炉 |
| Floor | 床 |
| Furniture | 家具 |
| Garage | ガレージ |
| Garden | 庭 |
| Keys | キー |
| Kitchen | キッチン |
| Lamp | ランプ |
| Library | 図書館 |
| Mirror | 鏡 |
| Roof | 屋根 |
| Room | 部屋 |
| Shower | シャワー |
| Wall | 壁 |
| Window | 窓 |

## Human Body
人体

| | |
|---|---|
| Ankle | 足首 |
| Blood | 血 |
| Bones | 骨 |
| Brain | 脳 |
| Chin | 顎 |
| Ear | 耳 |
| Elbow | 肘 |
| Face | 顔 |
| Finger | 指 |
| Hand | 手 |
| Head | 頭 |
| Heart | 心臓 |
| Knee | 膝 |
| Leg | 足 |
| Lips | 唇 |
| Mouth | 口 |
| Neck | 首 |
| Nose | 鼻 |
| Shoulder | 肩 |
| Skin | 肌 |

## Insects
昆虫

| | |
|---|---|
| Ant | 蟻 |
| Aphid | アブラムシ |
| Bee | 蜂 |
| Beetle | 甲虫 |
| Butterfly | 蝶 |
| Cicada | 蝉 |
| Cockroach | ゴキブリ |
| Dragonfly | トンボ |
| Flea | ノミ |
| Grasshopper | バッタ |
| Ladybug | てんとう虫 |
| Larva | 幼虫 |
| Locust | イナゴ |
| Mantis | カマキリ |
| Mosquito | 蚊 |
| Moth | 蛾 |
| Termite | シロアリ |
| Wasp | スズメバチ |
| Worm | ワーム |

## Kitchen
キッチン

| | |
|---|---|
| Apron | エプロン |
| Bowl | ボウル |
| Chopsticks | 箸 |
| Cups | カップ |
| Food | 食べ物 |
| Forks | フォーク |
| Freezer | 冷凍庫 |
| Grill | グリル |
| Jar | 瓶 |
| Jug | 水差し |
| Kettle | ケトル |
| Knives | ナイフ |
| Napkin | ナプキン |
| Oven | オーブン |
| Recipe | レシピ |
| Refrigerator | 冷蔵庫 |
| Spices | スパイス |
| Sponge | スポンジ |
| Spoons | スプーン |

## Landscapes
風景

| | |
|---|---|
| Beach | ビーチ |
| Cave | 洞窟 |
| Desert | 砂漠 |
| Geyser | 間欠泉 |
| Glacier | 氷河 |
| Hill | 丘 |
| Iceberg | 氷山 |
| Island | 島 |
| Lake | 湖 |
| Mountain | 山 |
| Oasis | オアシス |
| Ocean | 海洋 |
| Peninsula | 半島 |
| River | 川 |
| Sea | 海 |
| Swamp | 沼 |
| Tundra | ツンドラ |
| Valley | 谷 |
| Volcano | 火山 |
| Waterfall | 滝 |

## Literature
文学

| | |
|---|---|
| Analogy | 類推 |
| Analysis | 分析 |
| Anecdote | 逸話 |
| Author | 著者 |
| Biography | 伝記 |
| Comparison | 比較 |
| Conclusion | 結論 |
| Description | 説明 |
| Dialogue | 対話 |
| Fiction | フィクション |
| Metaphor | 比喩 |
| Narrator | ナレーター |
| Novel | 小説 |
| Poem | 詩 |
| Poetic | 詩的 |
| Rhyme | 韻 |
| Rhythm | リズム |
| Style | スタイル |
| Theme | テーマ |
| Tragedy | 悲劇 |

## Mammals
哺乳類

| | |
|---|---|
| Bear | 熊 |
| Beaver | ビーバー |
| Bull | ブル |
| Cat | 猫 |
| Coyote | コヨーテ |
| Dog | 犬 |
| Dolphin | イルカ |
| Elephant | 象 |
| Fox | 狐 |
| Giraffe | キリン |
| Gorilla | ゴリラ |
| Horse | 馬 |
| Kangaroo | カンガルー |
| Lion | ライオン |
| Monkey | 猿 |
| Rabbit | うさぎ |
| Sheep | 羊 |
| Whale | 鯨 |
| Wolf | 狼 |
| Zebra | シマウマ |

## Math
数学

| | |
|---|---|
| Angles | 角度 |
| Arithmetic | 算術 |
| Circumference | 円周 |
| Decimal | 小数 |
| Diameter | 直径 |
| Equation | 方程式 |
| Exponent | 指数 |
| Fraction | 分数 |
| Geometry | 幾何学 |
| Numbers | 数字 |
| Parallel | 平行 |
| Parallelogram | 平行四辺形 |
| Perimeter | 周囲 |
| Polygon | 多角形 |
| Radius | 半径 |
| Rectangle | 矩形 |
| Sum | 和 |
| Symmetry | 対称 |
| Triangle | 三角形 |
| Volume | ボリューム |

## Measurements
測定値

| | |
|---|---|
| Byte | バイト |
| Centimeter | センチメートル |
| Decimal | 小数 |
| Degree | 度 |
| Depth | 深さ |
| Gram | グラム |
| Height | 高さ |
| Inch | インチ |
| Kilogram | キログラム |
| Kilometer | キロメートル |
| Length | 長さ |
| Liter | リットル |
| Mass | 質量 |
| Meter | メーター |
| Minute | 分 |
| Ounce | オンス |
| Ton | トン |
| Volume | ボリューム |
| Weight | 重さ |
| Width | 幅 |

## Meditation
瞑想

| | |
|---|---|
| Acceptance | 受け入れ |
| Attention | 注意 |
| Breathing | 呼吸 |
| Clarity | 明快 |
| Compassion | 思いやり |
| Emotions | 感情 |
| Gratitude | 感謝 |
| Habits | 習慣 |
| Kindness | 親切 |
| Mental | メンタル |
| Mind | マインド |
| Movement | 動き |
| Music | 音楽 |
| Nature | 自然 |
| Observation | 観察 |
| Peace | 平和 |
| Perspective | パースペクティブ |
| Silence | 沈黙 |
| Thoughts | 思考 |
| To Learn | 学ぶために |

## Musical Instruments
楽器

| | |
|---|---|
| Banjo | バンジョー |
| Bassoon | ファゴット |
| Cello | チェロ |
| Chimes | チャイム |
| Clarinet | クラリネット |
| Drum | ドラム |
| Flute | フルート |
| Gong | ゴング |
| Guitar | ギター |
| Harp | ハープ |
| Mandolin | マンドリン |
| Marimba | マリンバ |
| Oboe | オーボエ |
| Percussion | パーカッション |
| Piano | ピアノ |
| Saxophone | サックス |
| Tambourine | タンバリン |
| Trombone | トロンボーン |
| Trumpet | トランペット |
| Violin | バイオリン |

## Mythology
神話

| | |
|---|---|
| Archetype | 原型 |
| Behavior | 行動 |
| Beliefs | 信念 |
| Creation | 作成 |
| Creature | 生き物 |
| Culture | 文化 |
| Deities | 神々 |
| Disaster | 災害 |
| Heaven | 天国 |
| Hero | ヒーロー |
| Immortality | 不死 |
| Jealousy | 嫉妬 |
| Labyrinth | ラビリンス |
| Legend | 伝説 |
| Lightning | 稲妻 |
| Monster | モンスター |
| Mortal | モータル |
| Revenge | 復讐 |
| Thunder | 雷 |
| Warrior | 戦士 |

## Nature
自然

| | |
|---|---|
| Animals | 動物 |
| Arctic | 北極 |
| Beauty | 美しさ |
| Bees | 蜂 |
| Clouds | 雲 |
| Desert | 砂漠 |
| Dynamic | 動的 |
| Erosion | 侵食 |
| Fog | 霧 |
| Foliage | 葉 |
| Forest | 森 |
| Glacier | 氷河 |
| Mountains | 山 |
| Peaceful | 平和 |
| River | 川 |
| Sanctuary | サンクチュアリ |
| Serene | 穏やか |
| Tropical | トロピカル |
| Vital | 重要 |
| Wild | 野生 |

## Numbers
数字

| | |
|---|---|
| Decimal | 小数 |
| Eight | 八 |
| Eighteen | 十八 |
| Fifteen | 十五 |
| Five | 五 |
| Four | 四 |
| Fourteen | 十四 |
| Nine | 九 |
| Nineteen | 十九 |
| One | 一 |
| Seven | セブン |
| Seventeen | セブンティーン |
| Six | 六 |
| Sixteen | 十六 |
| Ten | 十 |
| Thirteen | 十三 |
| Three | 三 |
| Twelve | 十二 |
| Twenty | 二十 |
| Two | 二 |

## Nutrition
栄養

| | |
|---|---|
| Appetite | 食欲 |
| Balanced | バランス |
| Bitter | 苦い |
| Calories | カロリー |
| Carbohydrates | 炭水化物 |
| Diet | ダイエット |
| Digestion | 消化 |
| Edible | 食用 |
| Fermentation | 発酵 |
| Flavor | 味 |
| Habits | 習慣 |
| Health | 健康 |
| Healthy | 元気 |
| Nutrient | 栄養素 |
| Proteins | タンパク質 |
| Quality | 品質 |
| Sauce | ソース |
| Toxin | 毒素 |
| Vitamin | ビタミン |
| Weight | 重さ |

## Ocean
海洋

| | |
|---|---|
| Algae | 藻 |
| Coral | コーラル |
| Crab | カニ |
| Dolphin | イルカ |
| Eel | うなぎ |
| Fish | 魚 |
| Jellyfish | クラゲ |
| Octopus | たこ |
| Oyster | カキ |
| Reef | リーフ |
| Salt | 塩 |
| Seaweed | 海藻 |
| Shark | 鮫 |
| Shrimp | エビ |
| Sponge | スポンジ |
| Storm | 嵐 |
| Tides | 潮汐 |
| Tuna | ツナ |
| Turtle | カメ |
| Whale | 鯨 |

## Pets
ペット

| | |
|---|---|
| Cat | 猫 |
| Claws | 爪 |
| Collar | 襟 |
| Cow | 牛 |
| Dog | 犬 |
| Fish | 魚 |
| Food | 食べ物 |
| Goat | ヤギ |
| Hamster | ハムスター |
| Kitten | 子猫 |
| Lizard | トカゲ |
| Mouse | ねずみ |
| Parrot | オウム |
| Paws | 足 |
| Puppy | 子犬 |
| Rabbit | うさぎ |
| Tail | 尾 |
| Turtle | カメ |
| Veterinarian | 獣医 |
| Water | 水 |

## Pirates
パイレーツ

| | |
|---|---|
| Adventure | 冒険 |
| Anchor | アンカー |
| Bad | 悪い |
| Beach | ビーチ |
| Captain | キャプテン |
| Cave | 洞窟 |
| Coins | コイン |
| Compass | コンパス |
| Crew | クルー |
| Danger | 危険 |
| Flag | 旗 |
| Gold | ゴールド |
| Island | 島 |
| Legend | 伝説 |
| Map | 地図 |
| Parrot | オウム |
| Rum | ラム酒 |
| Scar | 傷跡 |
| Sword | 剣 |
| Treasure | 宝 |

## Plants
## 植物

| | |
|---|---|
| Bamboo | 竹 |
| Bean | 豆 |
| Berry | ベリー |
| Botany | 植物学 |
| Bush | ブッシュ |
| Cactus | サボテン |
| Fertilizer | 肥料 |
| Flora | フローラ |
| Flower | 花 |
| Foliage | 葉 |
| Forest | 森 |
| Garden | 庭 |
| Grass | 草 |
| Ivy | 蔦 |
| Moss | 苔 |
| Petal | 花弁 |
| Root | 根 |
| Stem | 茎 |
| Tree | 木 |
| Vegetation | 植生 |

## Professions #1
## 職業 #1

| | |
|---|---|
| Ambassador | 大使 |
| Astronomer | 天文学者 |
| Attorney | 弁護士 |
| Banker | 銀行家 |
| Cartographer | 地図製作者 |
| Coach | コーチ |
| Dancer | 踊り子 |
| Doctor | 医者 |
| Editor | 編集者 |
| Geologist | 地質学者 |
| Hunter | ハンター |
| Jeweler | 宝石商 |
| Musician | 音楽家 |
| Nurse | 看護婦 |
| Pianist | ピアニスト |
| Plumber | 配管工 |
| Psychologist | 心理学者 |
| Sailor | セーラー |
| Tailor | テーラー |
| Veterinarian | 獣医 |

## Professions #2
## 職業 #2

| | |
|---|---|
| Astronaut | 宇宙飛行士 |
| Biologist | 生物学者 |
| Dentist | 歯医者 |
| Detective | 探偵 |
| Engineer | エンジニア |
| Farmer | 農家 |
| Gardener | 庭師 |
| Illustrator | イラストレーター |
| Inventor | 発明者 |
| Journalist | ジャーナリスト |
| Librarian | 司書 |
| Linguist | 言語学者 |
| Painter | 画家 |
| Philosopher | 哲学者 |
| Photographer | 写真家 |
| Physician | 医師 |
| Pilot | パイロット |
| Surgeon | 外科医 |
| Teacher | 先生 |
| Zoologist | 動物学者 |

## Rainforest
## レインフォレスト

| | |
|---|---|
| Amphibians | 両生類 |
| Birds | 鳥 |
| Botanical | 植物 |
| Climate | 気候 |
| Clouds | 雲 |
| Community | コミュニティ |
| Diversity | 多様性 |
| Indigenous | 先住民族 |
| Insects | 虫 |
| Jungle | ジャングル |
| Mammals | 哺乳類 |
| Moss | 苔 |
| Nature | 自然 |
| Preservation | 保存 |
| Refuge | 避難 |
| Respect | 尊敬 |
| Restoration | 復元 |
| Species | 種 |
| Survival | 生存 |
| Valuable | 貴重 |

## Restaurant #1
## レストラン #1

| | |
|---|---|
| Allergy | アレルギー |
| Bowl | ボウル |
| Bread | パン |
| Chicken | チキン |
| Coffee | コーヒー |
| Dessert | デザート |
| Food | 食べ物 |
| Kitchen | キッチン |
| Knife | ナイフ |
| Meat | 肉 |
| Menu | メニュー |
| Napkin | ナプキン |
| Plate | 皿 |
| Reservation | 予約 |
| Sauce | ソース |
| Spicy | 辛い |
| Waitress | ウェイトレス |

## Restaurant #2
## レストラン #2

| | |
|---|---|
| Beverage | 飲料 |
| Cake | ケーキ |
| Chair | 椅子 |
| Delicious | 美味しい |
| Dinner | 夕食 |
| Eggs | 卵 |
| Fish | 魚 |
| Fork | フォーク |
| Fruit | フルーツ |
| Ice | 氷 |
| Lunch | ランチ |
| Noodles | 麺 |
| Salad | サラダ |
| Salt | 塩 |
| Soup | スープ |
| Spices | スパイス |
| Spoon | スプーン |
| Vegetables | 野菜 |
| Waiter | ウェイター |
| Water | 水 |

## School #1
スクール #1

| | |
|---|---|
| Alphabet | アルファベット |
| Answers | 答え |
| Books | 書籍 |
| Chair | 椅子 |
| Classroom | 教室 |
| Desk | 机 |
| Exams | 試験 |
| Folders | フォルダー |
| Friends | 友達 |
| Fun | 楽しい |
| Library | 図書館 |
| Lunch | ランチ |
| Markers | マーカー |
| Math | 数学 |
| Paper | 紙 |
| Pencil | 鉛筆 |
| Pens | ペン |
| Quiz | クイズ |
| Teacher | 先生 |
| To Learn | 学ぶために |

## School #2
スクール #2

| | |
|---|---|
| Academic | アカデミック |
| Backpack | バックパック |
| Books | 書籍 |
| Bus | バス |
| Calendar | カレンダー |
| Computer | コンピュータ |
| Dictionary | 辞書 |
| Education | 教育 |
| Eraser | 消しゴム |
| Friends | 友達 |
| Grammar | 文法 |
| Library | 図書館 |
| Literature | 文学 |
| Paper | 紙 |
| Pencil | 鉛筆 |
| Science | 科学 |
| Scissors | はさみ |
| Supplies | 消耗品 |
| Teacher | 先生 |
| Weekends | 週末 |

## Science
理科

| | |
|---|---|
| Atom | 原子 |
| Chemical | 化学薬品 |
| Climate | 気候 |
| Data | データ |
| Evolution | 進化 |
| Experiment | 実験 |
| Fact | 事実 |
| Fossil | 化石 |
| Gravity | 重力 |
| Hypothesis | 仮説 |
| Laboratory | 研究室 |
| Method | 方法 |
| Minerals | ミネラル |
| Molecules | 分子 |
| Nature | 自然 |
| Organism | 生物 |
| Particles | 粒子 |
| Physics | 物理学 |
| Plants | 植物 |
| Scientist | 科学者 |

## Science Fiction
サイエンス・フィクション

| | |
|---|---|
| Atomic | アトミック |
| Books | 書籍 |
| Chemicals | 化学薬品 |
| Cinema | シネマ |
| Clones | クローン |
| Dystopia | ディストピア |
| Explosion | 爆発 |
| Fantastic | 素晴らしい |
| Fire | 火 |
| Futuristic | 未来的 |
| Galaxy | 銀河 |
| Illusion | イリュージョン |
| Imaginary | 虚数 |
| Mysterious | 神秘的な |
| Oracle | オラクル |
| Planet | 惑星 |
| Robots | ロボット |
| Technology | 技術 |
| Utopia | ユートピア |
| World | 世界 |

## Scientific Disciplines
科学分野

| | |
|---|---|
| Anatomy | 解剖学 |
| Archaeology | 考古学 |
| Astronomy | 天文学 |
| Biochemistry | 生化学 |
| Biology | 生物学 |
| Botany | 植物学 |
| Chemistry | 化学 |
| Ecology | 生態学 |
| Geology | 地質学 |
| Immunology | 免疫学 |
| Kinesiology | キネシオロジー |
| Linguistics | 言語学 |
| Mechanics | 力学 |
| Mineralogy | 鉱物学 |
| Neurology | 神経学 |
| Physiology | 生理 |
| Psychology | 心理学 |
| Sociology | 社会学 |
| Thermodynamics | 熱力学 |
| Zoology | 動物学 |

## Shapes
シェイプ

| | |
|---|---|
| Arc | アーク |
| Circle | 円 |
| Cone | 円錐 |
| Corner | コーナー |
| Cube | 三乗 |
| Curve | 曲線 |
| Cylinder | シリンダー |
| Edges | エッジ |
| Ellipse | 楕円 |
| Hyperbola | 双曲線 |
| Line | ライン |
| Oval | 楕円形 |
| Polygon | 多角形 |
| Prism | プリズム |
| Pyramid | ピラミッド |
| Rectangle | 矩形 |
| Side | 側 |
| Triangle | 三角形 |

## Spices
スパイス

| Anise | アニス |
|---|---|
| Bitter | 苦い |
| Cardamom | カルダモン |
| Cinnamon | シナモン |
| Clove | クローブ |
| Coriander | コリアンダー |
| Cumin | クミン |
| Curry | カレー |
| Fennel | フェンネル |
| Fenugreek | フェヌグリーク |
| Flavor | 味 |
| Garlic | ニンニク |
| Ginger | ショウガ |
| Nutmeg | ナツメグ |
| Onion | 玉葱 |
| Paprika | パプリカ |
| Saffron | サフラン |
| Salt | 塩 |
| Sweet | 甘い |
| Vanilla | バニラ |

## Sports
スポーツ

| Athlete | アスリート |
|---|---|
| Baseball | 野球 |
| Basketball | バスケットボール |
| Bicycle | 自転車 |
| Championship | チャンピオンシップ |
| Coach | コーチ |
| Game | ゲーム |
| Golf | ゴルフ |
| Gymnasium | 体育館 |
| Gymnastics | 体操 |
| Hockey | ホッケー |
| Movement | 動き |
| Player | プレーヤー |
| Referee | 審判 |
| Stadium | スタジアム |
| Team | チーム |
| Tennis | テニス |
| Winner | 勝者 |

## Summer
夏

| Beach | ビーチ |
|---|---|
| Books | 書籍 |
| Camping | キャンプ |
| Diving | ダイビング |
| Family | 家族 |
| Food | 食べ物 |
| Friends | 友達 |
| Games | ゲーム |
| Garden | 庭 |
| Home | 家 |
| Joy | 喜び |
| Leisure | レジャー |
| Memories | 思い出 |
| Music | 音楽 |
| Relaxation | リラクゼーション |
| Sandals | サンダル |
| Sea | 海 |
| Stars | 星 |
| Travel | 旅行 |
| Vacation | 休暇 |

## Surfing
サーフィン

| Athlete | アスリート |
|---|---|
| Beach | ビーチ |
| Beginner | 初心者 |
| Champion | チャンピオン |
| Crowds | 群衆 |
| Foam | 泡 |
| Fun | 楽しい |
| Ocean | 海洋 |
| Paddle | パドル |
| Popular | 人気の |
| Reef | リーフ |
| Speed | 速度 |
| Spray | スプレー |
| Stomach | 胃 |
| Strength | 強さ |
| Style | スタイル |
| Wave | 波 |
| Weather | 天気 |

## Technology
テクノロジー

| Blog | ブログ |
|---|---|
| Browser | ブラウザ |
| Bytes | バイト |
| Camera | カメラ |
| Computer | コンピュータ |
| Cursor | カーソル |
| Data | データ |
| Digital | デジタル |
| File | ファイル |
| Font | フォント |
| Internet | インターネット |
| Message | メッセージ |
| Research | 研究 |
| Screen | 画面 |
| Security | 安全 |
| Software | ソフトウェア |
| Statistics | 統計 |
| Virtual | 仮想 |
| Virus | ウイルス |

## Time
時間

| Annual | 通年 |
|---|---|
| Before | 前 |
| Calendar | カレンダー |
| Century | 世紀 |
| Clock | 時計 |
| Day | 日 |
| Decade | 十年 |
| Early | 早い |
| Future | 未来 |
| Hour | 時間 |
| Minute | 分 |
| Month | 月 |
| Morning | 朝 |
| Night | 夜 |
| Noon | 昼 |
| Now | 今 |
| Soon | すぐ |
| Today | 今日 |
| Week | 週 |
| Year | 年 |

## To Fill
### 塗りつぶすには

| | |
|---|---|
| Bag | バッグ |
| Barrel | バレル |
| Basket | バスケット |
| Bottle | ボトル |
| Box | 箱 |
| Bucket | バケツ |
| Carton | カートン |
| Crate | クレート |
| Drawer | 引き出し |
| Envelope | 封筒 |
| Folder | フォルダ |
| Jar | 瓶 |
| Packet | パケット |
| Pocket | ポケット |
| Suitcase | スーツケース |
| Tray | トレイ |
| Tub | 浴槽 |
| Tube | チューブ |
| Vase | 花瓶 |
| Vessel | 容器 |

## Tools
### ツール

| | |
|---|---|
| Axe | 斧 |
| Cable | ケーブル |
| Glue | のり |
| Hammer | ハンマー |
| Knife | ナイフ |
| Ladder | はしご |
| Mallet | マレット |
| Pliers | ペンチ |
| Razor | かみそり |
| Rope | ロープ |
| Ruler | ルーラー |
| Scissors | はさみ |
| Screw | ねじ |
| Shovel | シャベル |
| Staple | ステープル |
| Stapler | ステープラー |
| Torch | トーチ |
| Wheel | ホイール |

## Town
### 町

| | |
|---|---|
| Airport | 空港 |
| Bakery | ベーカリー |
| Bank | 銀行 |
| Bookstore | 書店 |
| Cinema | シネマ |
| Clinic | 診療所 |
| Florist | 花屋 |
| Gallery | ギャラリー |
| Hotel | ホテル |
| Library | 図書館 |
| Market | 市場 |
| Museum | 博物館 |
| Pharmacy | 薬局 |
| School | 学校 |
| Stadium | スタジアム |
| Store | 店 |
| Supermarket | スーパーマーケット |
| Theater | 劇場 |
| University | 大学 |
| Zoo | 動物園 |

## Toys
### おもちゃ

| | |
|---|---|
| Airplane | 飛行機 |
| Ball | ボール |
| Bicycle | 自転車 |
| Boat | ボート |
| Books | 書籍 |
| Car | 車 |
| Chess | チェス |
| Clay | 粘土 |
| Crafts | 工芸品 |
| Crayons | クレヨン |
| Doll | 人形 |
| Drums | ドラム |
| Favorite | お気に入り |
| Games | ゲーム |
| Imagination | 想像力 |
| Kite | 凧 |
| Puzzle | パズル |
| Robot | ロボット |
| Train | 列車 |
| Truck | トラック |

## Vacation #2
### バケーション #2

| | |
|---|---|
| Airport | 空港 |
| Beach | ビーチ |
| Camping | キャンプ |
| Destination | 行き先 |
| Foreigner | 外国人 |
| Holiday | 休日 |
| Hotel | ホテル |
| Island | 島 |
| Journey | 旅 |
| Leisure | レジャー |
| Map | 地図 |
| Mountains | 山 |
| Passport | パスポート |
| Restaurant | レストラン |
| Sea | 海 |
| Taxi | タクシー |
| Tent | テント |
| Train | 列車 |
| Transportation | 交通 |
| Visa | ビザ |

## Vegetables
### 野菜

| | |
|---|---|
| Artichoke | アーティチョーク |
| Broccoli | ブロッコリー |
| Carrot | にんじん |
| Cauliflower | カリフラワー |
| Celery | セロリ |
| Cucumber | キュウリ |
| Eggplant | 茄子 |
| Garlic | ニンニク |
| Ginger | ショウガ |
| Mushroom | キノコ |
| Onion | 玉葱 |
| Parsley | パセリ |
| Pea | エンドウ |
| Pumpkin | かぼちゃ |
| Radish | だいこん |
| Salad | サラダ |
| Shallot | エシャロット |
| Spinach | ほうれん草 |
| Tomato | トマト |
| Turnip | カブ |

## Vehicles
車両

| | |
|---|---|
| Airplane | 飛行機 |
| Ambulance | 救急車 |
| Bicycle | 自転車 |
| Boat | ボート |
| Bus | バス |
| Car | 車 |
| Caravan | キャラバン |
| Engine | エンジン |
| Ferry | フェリー |
| Helicopter | ヘリコプター |
| Motor | モーター |
| Raft | いかだ |
| Rocket | ロケット |
| Scooter | スクーター |
| Submarine | 潜水艦 |
| Subway | 地下鉄 |
| Taxi | タクシー |
| Tires | タイヤ |
| Tractor | トラクター |
| Truck | トラック |

## Visual Arts
ビジュアルアーツ

| | |
|---|---|
| Architecture | 建築 |
| Artist | アーティスト |
| Chalk | チョーク |
| Charcoal | 炭 |
| Clay | 粘土 |
| Composition | 構成 |
| Creativity | 創造性 |
| Easel | イーゼル |
| Film | 映画 |
| Masterpiece | 傑作 |
| Painting | 絵画 |
| Pen | ペン |
| Pencil | 鉛筆 |
| Perspective | パースペクティブ |
| Photograph | 写真 |
| Portrait | ポートレート |
| Pottery | 陶器 |
| Sculpture | 彫刻 |
| Stencil | ステンシル |
| Wax | ワックス |

## Water
水

| | |
|---|---|
| Canal | 運河 |
| Damp | 湿った |
| Evaporation | 蒸発 |
| Flood | 洪水 |
| Frost | 霜 |
| Geyser | 間欠泉 |
| Humidity | 湿度 |
| Hurricane | ハリケーン |
| Ice | 氷 |
| Irrigation | 灌漑 |
| Lake | 湖 |
| Moisture | 水分 |
| Monsoon | モンスーン |
| Ocean | 海洋 |
| Rain | 雨 |
| River | 川 |
| Shower | シャワー |
| Snow | 雪 |
| Steam | 蒸気 |
| Waves | 波 |

## Weather
天気

| | |
|---|---|
| Atmosphere | 雰囲気 |
| Breeze | そよ風 |
| Climate | 気候 |
| Cloud | 雲 |
| Drought | 旱魃 |
| Dry | ドライ |
| Fog | 霧 |
| Hurricane | ハリケーン |
| Ice | 氷 |
| Lightning | 稲妻 |
| Monsoon | モンスーン |
| Polar | 極性 |
| Rainbow | 虹 |
| Sky | 空 |
| Storm | 嵐 |
| Temperature | 温度 |
| Thunder | 雷 |
| Tornado | 竜巻 |
| Tropical | トロピカル |
| Wind | 風 |

# Congratulations

**You made it!**

We hope you enjoyed this book as much as we enjoyed making it. We do our best to make high quality games.
These puzzles are designed in a clever way for you to learn actively while having fun!

Did you love them?

-------

## A Simple Request

Our books exist thanks your reviews. Could you help us by leaving one now?

Here is a short link which will take you to your order review page:

BestBooksActivity.com/Review50

# MONSTER CHALLENGE!

## Challenge #1

Ready for Your Bonus Game? We use them all the time but they are not so easy to find. Here are **Synonyms**!

Note 5 words you discovered in each of the Puzzles noted below (#21, #36, #76) and try to find 2 synonyms for each word.

### Note 5 Words from Puzzle 21

| Words | Synonym 1 | Synonym 2 |
|---|---|---|
|  |  |  |
|  |  |  |
|  |  |  |
|  |  |  |
|  |  |  |

### Note 5 Words from Puzzle 36

| Words | Synonym 1 | Synonym 2 |
|---|---|---|
|  |  |  |
|  |  |  |
|  |  |  |
|  |  |  |
|  |  |  |

### Note 5 Words from Puzzle 76

| Words | Synonym 1 | Synonym 2 |
|---|---|---|
|  |  |  |
|  |  |  |
|  |  |  |
|  |  |  |
|  |  |  |

# Challenge #2

Now that you are warmed-up, note 5 words you discovered in each Puzzle noted below (#9, #17, #25) and try to find 2 antonyms for each word. How many lines can you do in 20 minutes?

### Note 5 Words from **Puzzle 9**

| Words | Antonym 1 | Antonym 2 |
|---|---|---|
|  |  |  |
|  |  |  |
|  |  |  |
|  |  |  |
|  |  |  |

### Note 5 Words from **Puzzle 17**

| Words | Antonym 1 | Antonym 2 |
|---|---|---|
|  |  |  |
|  |  |  |
|  |  |  |
|  |  |  |
|  |  |  |

### Note 5 Words from **Puzzle 25**

| Words | Antonym 1 | Antonym 2 |
|---|---|---|
|  |  |  |
|  |  |  |
|  |  |  |
|  |  |  |
|  |  |  |

# Challenge #3

Wonderful, this monster challenge is nothing to you!

Ready for the last one? Choose your 10 favorite words discovered in any of the Puzzles and note them below.

| | |
|---|---|
| 1. | 6. |
| 2. | 7. |
| 3. | 8. |
| 4. | 9. |
| 5. | 10. |

Now, using these words and within a maximum of six sentences, your challenge is to compose a text about a person, animal or place that you love!

*Tip: You can use the last blank page of this book as a draft!*

# Your Writing:

_____
_____
_____
_____
_____
_____
_____

# Explore a Unique Store Set Up **FOR YOU!**

## BestActivityBooks.com/**TheStore**

Designed for Entertainment!

Light Up Your Brain With Unique **Gift Ideas**.

Access **Surprising** And **Essential Supplies!**

CHECK OUT OUR MONTHLY SELECTION NOW!

**- Expertly Crafted Products -**

# NOTEBOOK:

# SEE YOU SOON!

*Linguas Classics Team*

www.ingramcontent.com/pod-product-compliance
Lightning Source LLC
LaVergne TN
LVHW060317080526
838202LV00053B/4357